Hartz IV ist kein Schicksal

Kurt Bohr

Hartz IV ist kein Schicksal

Wege aus dem sozialen Abseits

Mit freundlicher Förderung der
ASKO EUROPA-STIFTUNG
(Saarbrücken)

Bibliografische Information der Deutschen Bibliothek

Die Deutsche Bibliothek verzeichnet
diese Publikation in der Deutschen Nationalbibliografie;
detaillierte bibliografische Daten sind im Internet
unter *http://dnb/ddb.de* abrufbar.

ISBN 978-3-8012-0465-5

© 2015 by
Verlag J. H. W. Dietz Nachf. GmbH
Dreizehnmorgenweg 24, 53175 Bonn
Umschlaggestaltung: Antje Haack | Lichten, Hamburg
Satz: Kempken DTP-Service | Satztechnik · Druckvorstufe · Layout, Marburg
Druck und Verarbeitung: CPI – Ebner & Spiegel GmbH, Ulm

Alle Rechte vorbehalten
Printed in Germany 2015

Besuchen Sie uns im Internet: *www.dietz-verlag.de*

Inhalt

Vorwort 9
   Hartz IV: Die Politik hat kein wirksames Rezept gegen
   Arbeitslosigkeit und Armut 9
   Wir brauchen einen dritten Arbeitsmarkt 9

1. Wie alles begann 15
2. Die Entwicklung der Arbeitslosigkeit in Deutschland . . . 16
3. Die Hartz-Reformen 19
4. Der Auftrag der Bundesagentur für Arbeit 22
5. Der Vermittlungsskandal als Reformimpuls 23
6. Der Qualifizierungsauftrag der Arbeitsverwaltung 31
7. Was haben die Hartz-Reformen bewirkt? 36
8. Eine Erfolgsbilanz? 36
9. Das Fazit 54
10. Langzeitarbeitslosigkeit als Schicksal? 56
11. Die Arbeit zu verlieren, ist eine persönliche Niederlage – Langzeitarbeitslosigkeit ist ein himmelschreiender Skandal 58
12. Psychische und soziale Folgen 60
13. Weniger Geld, weniger Teilhabe am Leben 69
14. Gesundheitliche Probleme 74
15. Selbstwertgefühl und Würde 76
16. Was ist zu tun? Wie kann die Misere der Langzeitarbeitslosigkeit nachhaltig bekämpft und beseitigt werden? 79
17. Ohne gute Bildung keine nachhaltige Beschäftigung im regulären Arbeitsmarkt 80
18. Der größte Skandal: Die Kinder in Hartz-IV-Haushalten sind häufig chancenlos 80

19	Pädagogisch fundierte Erziehung in Kindertagesstätten ist eine entscheidende Basis für gute Bildungschancen	82
20	Die Anforderungen an die Grundschule	84
21	Sekundarschulen und Berufsbildung	87
22	Die schlimmsten Opfer sind die Kinder der Langzeitarbeitslosen	90
23	Wege aus dem sozialen Abseits	94
24	Die Bundesagentur kann durchaus auf Erfolge verweisen	95
25	Hilfe zur Arbeit als gezielte Vorbereitung zur Vermittlung in den regulären Arbeitsmarkt.	95
26	Man braucht einen langen Atem und einen völlig neuen Ansatz	97
27	Die Praxis Bundesagentur: Konzentration auf kurzfristige Erfolge bei der Vermittlung in den ersten Arbeitsmarkt	101
28	Für die meisten Langzeitarbeitslosen gibt es keine Aussicht auf Beschäftigung: Sie werden nur verwaltet	102
29	Soll man sich mit der Langzeitarbeitslosigkeit abfinden?	105
30	Arbeit gibt es genug – aber niemand scheint sie bezahlen zu wollen	105
31	Eine dauerhafte Lösung: Der dritte Arbeitsmarkt	107
32	Wie soll der dritte Arbeitsmarkt aussehen und was wären die rechtlichen Voraussetzungen?	107
33	Ein radikaler Systemwechsel: Finanzierung aktiver Arbeit statt passiver Alimentierung der Arbeitslosen	110
34	Die rechtliche Umsetzung der Reform	116
35	Fachaufsicht	118
36	Die Organisation im Einzelnen	119
37	Verhinderung von Missbrauch	121
38	Hindernisse und Einwendungen	123

39 Die Einsatzfelder im dritten Arbeitsmarkt 129
　Bildung und Wissenschaft 129
　Natur- und Landschaftspflege, Stadtästhetik 130
　Sicherheitsdienste 131
　Privatwirtschaft 132
　Krankenhäuser und Altenpflege 132
40 Eine originelle Ergänzung: Minipreneure 133
41 Hoher volkswirtschaftlicher Nutzen 135

Anhang

Abkürzungsverzeichnis 141

Über den Autor 143

Vorwort

Hartz IV: Die Politik hat kein wirksames Rezept gegen Arbeitslosigkeit und Armut

Wir brauchen einen dritten Arbeitsmarkt

Im Volksmund heißt es, »gut gemeint« sei das Gegenteil von »gut gemacht«. Gut gemeint hat es sicherlich der ehemalige Personalvorstand bei der Volkswagen AG, Peter Hartz, als er im Auftrag des damaligen Bundeskanzlers Schröder mit Unterstützung einer Expertenkommission ein Gutachten zur Reform der Arbeitsmarktpolitik mit dem Titel »Moderne Dienstleistungen am Arbeitsmarkt« vorlegte. Ein Kernpunkt der sogenannten »Hartz-Reformen« war das Paket 4 mit der Zusammenlegung der bisherigen Grundsicherungsleistungen Arbeitslosenhilfe und Sozialhilfe. Der Gesetzgeber hat die Reformvorschläge im Sozialgesetzbuch II (SGB II) beschlossen und damit eine der umstrittensten Reformen im deutschen Sozialsystem in Kraft gesetzt. »Fördern und Fordern« wurden zu den Leitbildern einer neuen modernen Arbeitsmarkt- und Sozialpolitik. Dieses Sozialgesetz hat den sozialstaatlichen Auftrag des Grundgesetzes nach Auffassung vieler Bürger ins Mark getroffen und die Prekarisierung von breiten Bevölkerungsschichten gefördert. Es hat einem System modernen Sklaventums in Form von Leiharbeit und Niedriglohntätigkeiten Vorschub geleistet und die Gesellschaft tiefer gespalten in Arm und Reich als jemals zuvor. Die Erfolge oder Misserfolge der Hartz-Reformen wurden am zehnten Jahrestag erneut bilanziert. Exbundeskanzler Schröder, den die Reformen vermutlich den Kanzlerjob gekostet haben, meinte im August 2012 stolz: »Das Gesetz ist ein Gewinn für die Gesellschaft.« Auch Arbeitgeberpräsident Dieter Hundt und der frühere SPD-Chef Franz Müntefering lobten die Reform. Lob erhielt der Exkanzler auch von der früheren Arbeitsministerin Ursula von der Leyen. Sie sagte, unterm Strich habe sich die Zusammenlegung von Arbeitslosen- und Sozialhilfe gelohnt.

Die FDP wollte hingegen Hartz IV »durchgreifend reformieren«. Sie schlug vor, Hartz IV zu einem Bürgergeld umzubauen und damit alle Sozialleistungen zu bündeln. Johannes Vogel, der arbeitsmarktpolitische Sprecher der FDP-Bundestagsfraktion, erklärte, das Bürgergeld stärke ganz im Sinne der liberalen Tradition die Eigenverantwortung und Freiheit der Menschen, und zugleich entlaste es von Bürokratie und Gerichtsverfahren und spare damit Steuergeld.

Die Partei Die Grünen fand 2012 den Regelsatz von 374 Euro für Hartz-IV-Empfänger nicht ausreichend und forderte stattdessen 420 Euro. Inzwischen haben sie den politischen Schongang eingelegt. Sie halten sich auffällig zurück bei diesem Thema, befürchten offenbar, dass 420 Euro als Regelsatz nicht finanziert werden können. Und die Linken sagen: »Hartz IV ist Armut per Gesetz.« Auf einem ihrer Plakate konnte man lesen: »Wir sind das Volk und nicht die Sklaven von Hartz IV.«

Auch zahlreiche renommierte und weniger bekannte Wissenschaftsinstitute haben die Reformergebnisse analysiert und sind – wen wundert es – zu einem sehr differenzierten Ergebnis des Sowohl-als-auch gekommen.

Für viele Kritiker war mit Einführung von Hartz IV der Kampf gegen die Arbeitslosigkeit in einen »Kampf gegen die Arbeitslosen« umgeschlagen. Fast jede Arbeit, auch gering bezahlte, war plötzlich zumutbar. Nur in Ausnahmefällen erwiesen sich die Jobs als Brücke in reguläre auskömmliche Beschäftigung. Langzeitarbeitslose werden seit eh und je als Letzte eingestellt und stehen als Erste wieder auf der Straße.

Nach Beanstandungen durch das Bundesverfassungsgericht mussten wichtige Gesetzesregelungen nachgebessert werden. An den Sozialgerichten löste Hartz IV eine Klageflut aus.

In diesem Buch werden die Daten und Fakten der Hartz-IV-Gesetze analysiert. Der Autor stellt schonungslos dar, was diese Reformen im Arbeitsmarkt bewirkt haben und beleuchtet kritisch die Arbeit, die Ziele und Vorgaben der Bundesagentur für die Jobcenter. Dieter Gräbner recherchierte in seinem Auftrag die Lebenswege, die Ängste und die Hoffnungslosigkeit vieler Menschen, die von Hartz IV leben müssen und die aus ihrem sozialen Getto nicht mehr herauskommen. Es geht schlicht um »die Not, im Wohlstand arm zu sein«, wie es in einer Broschüre des Diakonischen Werkes formuliert wurde. Es sind Berichte über Menschen, die schlecht ausgebildet sind, die im Leben wenige oder keine Chancen hatten, die aber auch Chancen vertan und nicht genutzt haben. Von Menschen, die nicht nur arbeitslos, sondern auch obdachlos sind. Es sind Reportagen über Hilfsprojekte gemeinnütziger Träger wie der Kirchen und der Sozialverbände. Der Autor macht als Fazit ihrer vielfältigen Recherchen praktikable Vorschläge, wie man aus der Hartz-IV-Falle entkommen und ohne existenzielle Nöte ein auskömmliches und zukunftssicheres Leben führen kann.

Doch nur wenige schaffen das. Und wenn sie eine Chance bekommen, fahren sie oft mit auf einem Karussell, das sich dreht zwischen Minijob, Zeitarbeit und Hoffnungslosigkeit. Da werden alleinerziehenden Müttern Arbeitsplätze vermittelt, bei denen sie morgens um 7:00 Uhr am Fließband stehen, oder nachmittags um 14:00 Uhr anfangen sollen, wenn gerade die Kinder aus der Schule kommen, irgendwo 20 Kilometer vom Wohnort entfernt. Und wer betreut dann die Kinder? Zusätzlich zu kämpfen haben die Hartz-IV-Empfänger auch mit der Arroganz und der Bürokratie der Jobcenter, der sie oft hilflos gegenüberstehen.

In diesem Buch antworten Fachleute, so beispielsweise Heinrich Alt, Vorstandsmitglied der Bundesagentur für Arbeit in Nürnberg, dort zuständig für Grundsicherung, in einem großen Interview (Titel: »Hartz IV darf nicht die Vollkasko-Mentalität fördern«) sowie Wilfried Hose, der frühere Geschäftsführer des Jobcenter Saarbrücken, auf die Fragen, wie man Menschen motivieren und zurückführen kann – oder auch nicht – in regelmäßige Arbeit und festes Einkommen. Auch erklären sie, warum das so oft scheitert und so schwierig ist.

Hartz IV sollte Deutschlands größte und erfolgreichste Sozialreform werden. Es ist eine Dauerbaustelle. Das wird ausführlich beschrieben und kritisch unter die Lupe genommen. Es kommen aber auch die Betroffenen, die Opfer der Hartz-Reform, abfällig oft »Hartzer« genannt, zu Wort, und mit ihren Stimmen werden Einblicke in Lebenslagen vermittelt, die oft im Dunkeln liegen, wie Brecht es mit seinem Mackie-Messer-Song aus der Dreigroschenoper beschreibt.

Als Jurist und Politiker komme ich nach Analyse der Fakten und den bisherigen Erfahrungen zu dem Fazit: »Wir müssen raus aus Hartz IV.« Ich beschreibe einen Weg, auf dem dieses Ziel erreicht werden kann. Nach rund zehn Jahren Hartz IV, aber auch nach den Gesprächen mit Politikern, Arbeitsmarktexperten und den betroffenen Hartz-IV-Empfängern sowie nach der Lektüre zahlreicher wissenschaftlicher Publikationen möchte ich ein Konzept vorstellen und darlegen, wie man mit relativ einfachen und klaren Regeln dem großen Heer von Langzeitarbeitslosen und ihren Familien neue Chancen und konkrete Hoffnungen auf einen Weg aus dem sozialen Abseits weisen kann.

Die Lösung des Problems sehe ich in einem völlig neuen Projekt: dem dritten Arbeitsmarkt, in den möglichst alle Langzeitarbeitslosen eingegliedert werden sollen. Mittel- bis langfristiges Ziel ist es, einen großen Teil der Langzeitarbeitslosen nachhaltig für den ersten Arbeitsmarkt fit zu machen, aber zugleich auch denen, die das nicht schaffen, eine angemessene Beschäftigungsperspektive und damit einen Lebenssinn zu geben. Arbeit, die nicht oder nur unzulänglich getan oder finanziert werden kann, gibt es im öffentlichen, aber auch im privaten Bereich genug, doch zahlreiche Arbeitsfelder sind im Laufe der Jahre wegrationalisiert oder in Billiglohnländer verlagert worden.

Die Entlohnung im dritten Arbeitsmarkt sollte ein allgemeines auskömmliches Grundeinkommen sein, von dem man leben kann und das sämtliche bisherigen Leistungen aus Hartz IV überflüssig macht. Das Ziel ist nicht nur, möglichst viele Langzeitarbeitslose in den regulären Arbeitsmarkt einzugliedern, sondern auch den sozialpolitischen und psychologischen Wandel zu schaffen: Wer lange arbeitslos und ohne Hoffnung ist, verliert sein Selbstwertgefühl. Viele Arbeitslose leben isoliert, verlieren gesellschaftliche Kontakte. Sie fühlen sich an den gesellschaftlichen Rand gedrängt und als sozialer »Müll« entsorgt.

Diese Menschen sollten im dritten Arbeitsmarkt eine reale neue Chance erhalten, wieder teilzuhaben am normalen Leben und so ihre soziale Isolation zu überwinden.

Die Losung muss sein: »Raus aus Hartz IV«!

Mein herzlicher Dank gilt dem Journalisten Dieter Gräbner, dem ehemaligen Lokalchef und Serienautor der Saarbrücker Zeitung, der in meinem Auftrag recherchierte und das schwierige Leben und die Not von Menschen beschreibt, die mit und von Hartz IV leben. Er sprach mit Streetworkern und Leitern von Hilfsorganisationen, die sich um die »Hartzer« kümmern. Er traf ältere Frauen, deren Existenz Hartz IV ist, die auf keine auskömmliche Rente hoffen dürfen, die seit vielen Jahren hoffnungslos und verzweifelt sind, dann wieder Hoffnung schöpften, weil sie einen Ein-Euro-Job hatten, und dann wieder zurückfielen in die Hoffnungslosigkeit. Er traf die Hartz-IV-Empfänger in Heimen, in ihren Wohnungen, in Sozialstationen, auf der Straße, auch obdachlos unter der Brücke. Er sprach mit Drogenabhängigen und mit Frauen, die sich prostituieren, um »einmal wieder richtig einkaufen zu können«, mit alleinerziehenden Müttern und ihren Kindern, die stigmatisiert sind, auch in der Schule, weil sie Hartz-IV-Kinder sind. Er besuchte

Hartz-IV-Migranten, die kaum Deutsch sprechen, sowie ihre Kinder, die in der Schule Deutsch gelernt haben, eine Lehrstelle fanden oder eine weiterführende Schule besuchen. Er traf einen Arbeiter, der alleine seinen Weg aus Hartz IV gefunden hat und seit vier Jahren in einem festen Job arbeitet. Er traf jugendliche Hartz-IV-Empfänger und Menschen, die seit 20 Jahren arbeitslos sind. Er traf sie im grellen Licht der Straßenlaternen oder auch in der Heiligen Nacht in einem Obdachlosenasyl, einer sogenannten Notschlafstelle. Er schildert viele individuell oft ganz unterschiedliche Schicksale und Lebenssituationen – Biografien in einer Vielfalt, wie nur das Leben sie schreiben kann.

Für wertvolle Hinweise und kritische fachliche Begleitung meiner Arbeit an diesem Buch danke ich besonders herzlich dem anerkannten und ausgewiesenen Arbeitsmarktexperten und profunden Kenner der hochkomplexen und vielfältigen Probleme der Arbeitslosigkeit Albert Stichter-Werner. Das Buch widme ich den vielen Opfern der Hartz-Reform, nicht nur den Menschen vor den Schreibtischen in den Jobcentern, sondern auch hinter den Schreibtischen, die die Negativfolgen der Reform mit ihrem Leben bezahlen mussten.

Kurt Bohr, im Dezember 2014

1 Wie alles begann

Im biblischen Paradies lebten Adam und Eva in vollkommener Glückseligkeit. Sie ernährten sich von den Früchten der Natur und waren gänzlich ohne Sorgen. Mit dem harten Dasein, den Mühen und Plagen um das tägliche Brot, um Speis und Trank, wurden sie konfrontiert, nachdem sie vom Herrn aus dem Paradies vertrieben worden waren mit den Worten (zu Adam): »Verflucht sei der Acker um deinetwillen, mit Kummer sollst du dich darauf nähren dein Leben lang. Dornen und Disteln soll er dir tragen, und du sollst das Kraut auf dem Felde essen. Im Schweiße deines Angesichts sollst du dein Brot essen, bis dass du wieder zu Erde werdest, davon du genommen bist.«

Das ist das Schicksal des Menschen bis zum heutigen Tage. Es gibt gewiss auch begüterte und reiche Menschen, die von ihrem Kapital leben und sich dem Müßiggang hingeben können. Aber die allermeisten Menschen müssen sich ihren Lebensunterhalt erarbeiten.

Längst sind die Zeiten vorbei, in denen die Feldarbeit die wichtigste Erwerbsquelle und Basis des täglichen Lebens war. Die Tausch- und Geldwirtschaft, die Entwicklung von Handwerk und Industrie und schließlich die Dienstleistungswirtschaft haben die Grundlagen der menschlichen Existenz tief greifend geprägt und verändert. Seit Langem stützen die Menschen Ihren Lebensunterhalt auf Lohn und Gehalt, also auf Geld, mit dem man sich das Notwendige und Begehrte kaufen und erwerben kann. Über viele Jahrhunderte hinweg fiel der Mensch deshalb in Armut und Not, wenn er seiner Arbeit, seiner Erwerbstätigkeit verlustig ging. Arbeitslosigkeit ist ein uraltes Phänomen. Wir begegnen ihr in der Bibel im Gleichnis vom Weinberg, in dem Jesus von einem Hausvater erzählt, der »am Morgen ausging, Arbeiter zu mieten in seinen Weinberg«. Dieser Mann konnte Arbeiter aber nur dingen, weil sie ohne Beschäftigung, also arbeitslos waren. Denn hätte er sie aus einem Arbeitsverhältnis abgeworben, so hätte er sie nicht problemlos »mieten« können, ihr bisheriger Dienstherr hätte das sicherlich auch nicht ohne Weiteres akzeptiert.

Sei dem wie immer. Spätestens seit der beginnenden Industrialisierung und schnell anwachsenden Bevölkerungszahlen rückt die Arbeitslosigkeit, die vielfach mit Not, Elend und Verzweiflung verbunden ist, ins Zentrum unseres Bewusstseins. Wer kennt nicht das

Drama von Gerhard Hauptmann »Die Weber«, das uns das Elend eines durch die industrielle Revolution verarmten Berufsstandes in Schlesien vor Augen führt.

Heutzutage, im Zeitalter des Wohlstands und des Sozialstaats, werden in Deutschland und in weiten Teilen der Welt die sozialen Folgeprobleme der Arbeitslosigkeit gemildert. Aber machen wir uns nichts vor: Die Lohnersatzleistungen fallen für die große Mehrheit der Arbeitslosen nicht gerade üppig aus. Man wird rasch gezwungen, sich einzuschränken, es folgt der schleichende Verlust an Selbstwertgefühl. Ich will in diesem Buch nicht nur die Fakten der heutigen Arbeitslosigkeit, die nackte Statistik und die rechtlichen Rahmenbedingungen der Arbeitslosigkeit schildern. Es geht auch darum, deutlich zu machen, wie es sich anfühlt, wenn man trotz nachhaltiger Anstrengung und bestem Willen keinen Arbeitsplatz findet. Wie werden die Betroffenen mit ihrem Schicksal fertig?

Mit diesem Buch sollen Wege aufgezeigt werden, wie die Resignation der Dauerarbeitslosen überwunden werden kann. Wir wollen die Trägheit und die Gleichgültigkeit, ja den Zynismus der wirtschaftlich und politisch Verantwortlichen anprangern. Wir wollen klar und deutlich sagen, dass es nicht länger hingenommen werden kann, wie das Menschenrecht auf Würde, auf Wahrung des Selbstwertgefühls als Basis für ein erfülltes Leben mit Füßen getreten wird. Zumal wir alle wissen, dass die demografische Entwicklung, also der zunehmende Mangel an Nachwuchs in sämtlichen Bereichen von Wirtschaft und Verwaltung die wichtigste Herausforderung der Zukunft ist. Es ist an der Zeit, nachhaltige und überzeugende Lösungen auf den Weg zu bringen. Das ist das Kernanliegen des Autors.

2 Die Entwicklung der Arbeitslosigkeit in Deutschland

Die weltgeschichtliche Entwicklung bescherte der Menschheit Höhen und Tiefen. Wirtschaftliche Krisen, Kriege und Hungersnöte wechselten mit Zeiten der Blüte und der Prosperität. Arbeitslosigkeit entwickelte sich jedoch erst mit der Industrialisierung und der starken Zunahme der Bevölkerung in voller Wucht und trat als bedrohliches

Massenphänomen erst während des 20. Jahrhunderts ins Bewusstsein der Menschheit. Massenarbeitslosigkeit wurde erstmals ein gesellschaftsbedrohendes Problem nach dem Ersten Weltkrieg und verschärfte sich seit der Weltwirtschaftskrise 1929 in erschreckendem Maße, als die Arbeitslosenzahl nach und nach die Fünf-Millionen-Grenze überstieg und 1932 mit 5,6 Millionen ihren traurigen Höhepunkt fand. Während es in den USA der demokratischen Regierung unter Präsident Franklin Delano Roosevelt mit dem New Deal gelang, die Beschäftigungsprobleme ohne Beschädigung der demokratischen Grundlagen in den Griff zu bekommen, versank die Weimarer Republik in Deutschland im Strudel der Wirtschaftskrise.

Es war die schiere Verzweiflung, der nahezu vollständige Schwund des Vertrauens in die Demokratie und in die Regierungskunst der traditionellen Parteien, der große Teile der deutschen Wählerinnen und Wähler dem Demagogen und Rassisten Adolf Hitler und seiner NSDAP in die Arme trieb. Mit einem gewaltigen, vor allem auf Rüstung und Kriegsvorbereitung gestützten und mit einem durch Überschuldung Deutschlands finanzierten Konjunkturprogramm gelang es dem Naziregime, die Beschäftigungsprobleme rasch zu lindern und sogar weitgehend zu beheben. Der verbrecherische Angriffskrieg des Hitlerregimes, das sich sehr schnell mithilfe des mit großer Mehrheit im Deutschen Reichstag beschlossenen Ermächtigungsgesetzes zu einer Diktatur gewandelt hatte, endete bekanntlich mit der nationalen Katastrophe, der bedingungslosen Kapitulation und der Teilung Deutschlands.

Nach dem Krieg kam es zur Gründung der Bundesrepublik Deutschland im Westen und der Deutschen Demokratischen Republik im Osten. Nach anfänglich relativ hoher Arbeitslosigkeit in der Bundesrepublik (1950 nahezu 1,9 Millionen) gelang dank der großmütigen Wirtschaftshilfe der USA, kluger wirtschaftspolitischer Weichenstellungen und einer enormen Aufbauleistung der Bevölkerung ein von niemandem für möglich gehaltener wirtschaftlicher Aufschwung. Das »deutsche Wirtschaftswunder« führte binnen weniger Jahre zur Vollbeschäftigung, die – abgesehen von einigen kurzen Abschwüngen – bis in die siebziger Jahre des vergangenen Jahrhunderts andauerte. Waren 1970 nur noch knapp 150.000 ohne Beschäftigung, so verschärfte sich im Zuge mehrerer Energiekrisen und der zunehmenden Globalisierung ab Mitte der siebziger Jahre die Beschäftigungslage in unserem Land,

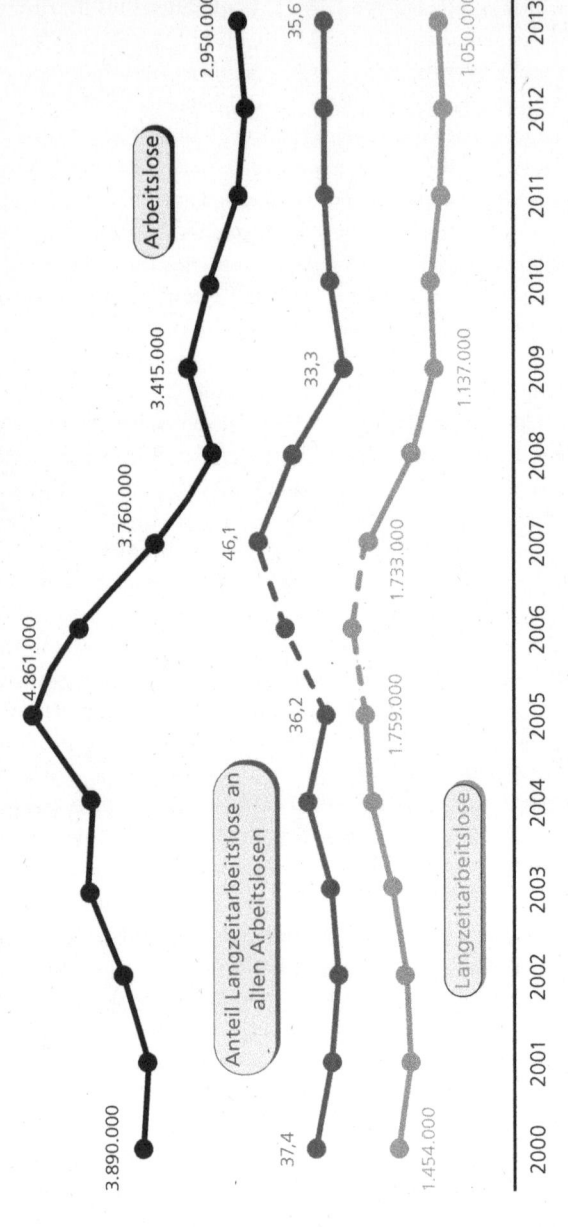

Grafik 1: Der Anteil von Langzeitarbeitslosen ist in den letzten 5 Jahren leicht gestiegen

Quelle: Bundesagentur für Arbeit (BA) [2013]; Statistik der Grundsicherung für Arbeitssuchende nach dem SGB II, Zeitreihe zu Sanktionen nach Ländern.

und die Arbeitslosigkeit stieg von gut einer Million 1975 auf 2,3 Millionen im Jahre 1985.

In der Deutschen Demokratischen Republik gab es gemäß der geltenden Staatsdoktrin offizielle keine Arbeitslosen. Wie sich nach der Wende in den Jahren nach 1990 zeigte, wurde jedoch die Arbeitslosigkeit kaschiert in einem über die Maßen aufgeblähten öffentlichen Sektor und einer ineffizienten und nicht wettbewerbsfähigen Wirtschaft. In den Folgejahren wurden deswegen die Stellen im öffentlichen Dienst deutlich verringert und zahlreiche veraltete nicht wettbewerbsfähige Kombinate mussten stillgelegt werden.

Nach dem Zusammenbruch der ostdeutschen Wirtschaft und der Wiedervereinigung stieg die Arbeitslosigkeit rasant von 2,6 Millionen 1990 auf neue Rekordhöhen von über 5 Millionen an. Nach den Arbeitsmarktreformen der Regierung Schröder und mit dem wirtschaftlichen Aufschwung verbesserte sich die Lage bis 2014 deutlich. Ende des Jahres waren nach amtlicher Statistik noch fast 2,7 Millionen arbeitslos gemeldet. Davon rund 1,9 Millionen Menschen bei den Jobcentern [☛ siehe links Grafik 1, S. 18].

3   Die Hartz-Reformen

Die schwindende Wettbewerbsfähigkeit der deutschen Wirtschaft verbunden mit steigender Arbeitslosigkeit war seit Mitte der neunziger Jahre eines der wichtigsten, häufig auch kontrovers diskutierten gesellschaftlichen und politischen Probleme. Die Regierung Schröder versuchte, mit der Agenda 2010 nach englischem Muster eine wirtschafts- und arbeitsmarktpolitische Trendwende einzuleiten. Die von Bundeskanzler Gerhard Schröder eingesetzte Kommission für moderne Dienstleistungen am Arbeitsmarkt sollte in diesem Kontext ein umfassendes Konzept zur Arbeitsmarktreform vorlegen. Sie stand unter Leitung des ausgewiesenen Arbeitsmarktexperten Peter Hartz, seinerzeit Arbeitsdirektor und Vorstandsmitglied beim Volkswagenkonzern, der zuvor mit mutigen und zugleich kreativen innerbetrieblichen Vereinbarungen wegweisende arbeitsmarktpolitische Akzente beim Automobilunternehmen VW und zuvor beim Montanunternehmen Saarstahl gesetzt hatte.

Mit einem ganzen Bündel von Gesetzen, das seither untrennbar mit dem Namen Peter Hartz verbunden ist, setzte die rot-grüne Bundesregierung grundlegende Reformen durch:
Zunächst wurden im Jahre 2003 mit Hartz I und II
- Personal-Service-Agenturen zur Unterstützung der Vermittlungsdienste der Arbeitsämter eingerichtet;
- die Förderung von geringfügiger Beschäftigung und von Selbstständigkeit aus der Arbeitslosigkeit eingeführt und
- die Verschärfung von Regeln über die Zumutbarkeit angebotener Arbeit vorgenommen.

2004 wurde mit Hartz III die Bundesanstalt für Arbeit organisatorisch und institutionell umstrukturiert und die reformierte Arbeitsverwaltung in der Bundesagentur für Arbeit als moderner Dienstleistungsbetrieb neu aufgestellt.

Nahezu revolutionär war schließlich Hartz IV: Das Vierte Gesetz für moderne Dienstleistungen, wie die Hartz-IV-Reform etwas schönfärberisch von der rot-grünen Bundesregierung bezeichnet wurde, trat am 1. Januar 2005 in Kraft und brachte eine tief greifende und weitreichende Neuordnung der sozialen Sicherung in Deutschland. Danach wurde im Rahmen der Arbeitslosenversicherung zwar weiterhin – vergleichbar der bis dahin üblichen Arbeitslosenunterstützung – Arbeitslosengeld (ALG I) geleistet. Deutliche Einschränkungen mussten jedoch hinsichtlich der Anspruchsvoraussetzungen und der Bezugsdauer hingenommen werden: Nach dem neuen Recht konnten Arbeitslose ALG I nur – je nach Dauer der zurückgelegten und auf Beitragsleistungen zur Arbeitslosenversicherung fußenden Anwartschaftszeit – zwischen sechs und zwölf Monaten beanspruchen. Und auch nur dann, wenn sie vor Verlust ihrer Arbeit mindestens 12 Monate versicherungspflichtig beschäftigt waren und sich bei der Agentur für Arbeit arbeitslos gemeldet haben. Anspruch auf Leistungen hat zudem nur, wer sich aktiv um Arbeit bemüht und der Agentur für Arbeit zur Vermittlung zur Verfügung steht.

Arbeitnehmer sind außerdem verpflichtet, alle ihrer Arbeitsfähigkeit entsprechenden Tätigkeiten anzunehmen (Zumutbarkeit). Als nicht zumutbar werden unter dem Strich nur solche Arbeitsplätze angesehen, bei denen der Verdienst erheblich geringer ausfiele als das gesetzliche Arbeitslosengeld (ALG I).

Die umfassendste und gravierendste Neuregelung war jedoch die Zusammenlegung von Arbeitslosenhilfe und Sozialhilfe. Die mit der

Reform abgeschaffte Arbeitslosenhilfe wurde im Wesentlichen als Sicherung eines eingeschränkten Lebensstandards empfunden. Immerhin schlug sie mit 53 Prozent des letzten Nettoeinkommens (57 % bei Kindern im Haushalt) zu Buche. Das neu eingeführte Arbeitslosengeld II (ALG II) brachte demgegenüber feste pauschale Regelsätze, vergleichbar der bisherigen Sozialhilferegelung. Die Höhe der Zuwendung wurde also vom vorherigen Arbeitsverdienst entkoppelt und setzte zudem Hilfebedürftigkeit voraus. Erbracht werden

- Leistungen zur Sicherung des Lebensunterhalts (ALG II), wobei der Eckregelsatz jährlich angepasst wird und ab Januar 2015 399 Euro beträgt, für Partner (90 %) 360 Euro. Kinder erhalten gestaffelte Regelsätze von 234 bis 302 Euro, volljährige Kinder 320 Euro;
- zusätzlich Leistungen für Unterkunft und Heizung (LUH), die in Höhe der tatsächlichen Aufwendungen anerkannt werden, allerdings nur in angemessenem Rahmen.

Zur Entwicklung der Regelsätze im Überblick siehe Tabelle S. 22 f.

Als hilfebedürftig gilt, wer seinen Lebensunterhalt nicht oder nicht ausreichend aus dem zu berücksichtigenden Einkommen oder Vermögen sichern kann und die erforderliche Hilfe nicht von anderen erhält, insbesondere von Angehörigen oder von Trägern anderer Sozialleistungen. Wer Einnahmen hat, muss sich diese auf ALG II anrechnen lassen. Ein minimaler Freibetrag von 100 Euro und 20 Prozent der Einnahmen von bis zu weiteren 900 Euro monatlich (§ 11b Abs. 3 SGB II) wurde anfangs zugestanden. Wer Vermögen besaß, musste dieses zunächst verbrauchen, bevor er Anspruch auf ALG II hatte. Nicht angerechnet wurde ein Grundfreibetrag von 150 Euro je vollendetem Lebensjahr für den ALG-II-Empfänger und jede der mit ihm in einer Bedarfsgemeinschaft lebenden volljährigen Person und deren Partner oder Partnerin, mindestens jedoch 3.100 Euro pro Person. Diese Regelung führte automatisch dazu, dass fleißige und strebsame Menschen, die – nicht selten unter Entbehrungen – beizeiten gespart und sich eine Wohnung und ein Haus erarbeitet hatten, ihr sauer erworbenes Vermögen angreifen mussten. Das stieß zu Recht auf heftige Kritik, weil man sich ungerecht behandelt fühlte im Vergleich zu anderen, die sich eventuell mehr gegönnt und ihr ganzes Einkommen oder ihr Vermögen verbraucht hatten.

Jahr	Alleinstehende oder Alleinerziehende	Ehegatten oder Lebenspartner[1]	Erwachsene Leistungsberechtigte[2]
2015	399	360	320
2014	391	353	313
2013	382	345	306
2012	374	337	299
2011	364	328	291

[1] Jeweils 90 % des Eckregelsatzes.
[2] 80 % des Eckregelsatzes. Für erwachsene Personen, die keinen eigenen Haus-

Die Regelfortschreibung erfolgt jeweils zum 1. Januar eines Jahres, in dem keine
Der Mischindex basiert auf der jährlichen Preis- und Lohnentwicklung im Verhält-

4 Der Auftrag der Bundesagentur für Arbeit

Motto und Zielsetzung der Hartz-Reformen waren »Fördern und Fordern« (workfare). Es sollte alles daran gesetzt werden, Menschen, die arbeitslos werden, möglichst rasch wieder in Beschäftigung zu bringen. Ein sinnvoller und richtiger Ansatz – wer könnte das bestreiten!

Mit der Verwaltung der Arbeitslosigkeit und deren Bekämpfung ist die Bundesagentur für Arbeit betraut. Ihre Aufgabe ist es, die Alimentation der Arbeitslosen im Rahmen der gesetzlichen Rahmenbedingungen zu organisieren und zugleich die Arbeitslosigkeit durch Qualifizierung und Vermittlung möglichst gering zu halten. Und nicht nur hinsichtlich der Rechtsstellung der Arbeitslosen hatte sich ein Reformstau ergeben. Auch bei der Organisation der Arbeitsförderung und der Betreuung der Arbeitslosen waren zur Jahrtausendwende erhebliche Probleme aufgetaucht.

Jugendliche von 14 bis unter 18 Jahren	Jugendliche von 6 bis unter 14 Jahren	Jugendliche unter 6 Jahren
302	267	234
296	261	229
289	255	224
287	251	219
275	242	213

halt führen, weil sie im Haushalt anderer Personen leben.

Neubemessung der Regelsätze erfolgt, nach Maßgabe eines Mischindex. nis 70 % zu 30 %.

5 Der Vermittlungsskandal als Reformimpuls

Im Oktober 2001 hatte der Bundesrechnungshof bei einer Prüfung der Arbeitsergebnisse in ausgewählten Arbeitsämtern aufgedeckt, dass die dort in der Arbeitsmarktstatistik registrierten angeblichen Vermittlungen bis zu 70 Prozent »falsch gebucht« waren. Dieser Bericht wurde im Februar 2002 veröffentlicht. Weitere Überprüfungen der Innenrevision der Bundesanstalt für Arbeit (BA) bestätigten diese unseriöse Praxis. Überträgt man diese Fehlbuchungen auf das Bundesgebiet, so wären 2001 anstelle von 3,82 Millionen in der Arbeitsmarktstatistik ausgewiesenen Vermittlungen möglicherweise nur 1,26 Millionen Arbeitsvermittlungen erfolgt. Dass dieses Fehlverhalten für die Medien ein »gefundenes Fressen« war, ist leicht nachvollziehbar, weil die Bundesanstalt für Arbeit schon seit Langem als ineffizienter bürokratischer Moloch verschrien war. Die Bundesregierung, an der Spitze »Medienkanzler« Gerhard Schröder, reagierte schnell. Der Querdenker Florian Gerstner, bis dahin Sozialminister in Rheinland-Pfalz, wurde zum neuen BA-Chef ernannt mit dem Auftrag, die »ganze BA komplett umzubauen« und aus der Behörde ein modernes Dienstleistungsunternehmen zu machen. Einen weiteren Coup landete Bundeskanzler Gerhard Schröder mit der Berufung der »Kommission Moderne Dienstleistungen« unter Vorsitz des VW-Personalvorstandes Peter Hartz, der sich als tatkräftiger Modernisierer bereits einen Namen gemacht hatte. Hartz erweiterte dann den Reformauftrag für die Bundesanstalt um das ehrgeizige Projekt »Halbierung der Massenarbeitslosigkeit«, was von der Bundesregierung – nicht nur wegen der für den Herbst 2002 terminierten Bundestagswahlen – mit Enthusiasmus begrüßt wurde.

Unter dem Titel »Moderne Dienstleistungen am Arbeitsmarkt« überreichte Peter Hartz 2002 im Französischen Dom zu Berlin den Abschlussbericht der 15-köpfigen Kommission auf einer Mini-CD seinem Auftraggeber Gerhard Schröder. Darin wurde ein ganzer Strauß von Maßnahmen und Instrumenten vorgeschlagen. Die Arbeit der Kommission war die Basis für ein umfangreiches Gesetzgebungspaket. Die Bemühungen zur Neuausrichtung der Bundesanstalt für Arbeit hatten zwar schon Mitte der neunziger Jahre eingesetzt. Eine wichtige Zwischenstation war dabei das Projekt »Arbeitsamt 2000«, das sich bei Aufflackern des »Vermittlungsskandals« Anfang 2003 bereits in der schrittweisen Umsetzung befand und – mit Blick auf die Kundenorientierung – bereits einige Elemente des »New Public Management« enthielt. Aber die stark »versäulte«, starr hierarchische Organisationsstruktur der Bundesanstalt brach erst mit der Agenda 2010 auf und wurde nach dem Modell des »Public Governance« reformiert.

Bereits zum 1. Januar 2002 war das »Job-AQTIV-Gesetz« in Kraft getreten, dessen Kernelemente »Profiling« und »Eingliederungsvereinbarung« bereits wesentliche Reformschritte brachten. Nach § 6 Sozialgesetzbuch III (Vermeidung von Langzeitarbeitslosigkeit) sollten im Rahmen einer umfassenden Analyse im Dialog mit den Arbeitssuchenden deren Stärken und Schwächen ermittelt und durch eine individuelle Chanceneinschätzung auf der Basis einer schriftlich ausformulierten Absprache die Eingliederung in den Arbeitsmarkt nachhaltig verbessert werden. Die Arbeit der Hartz-Kommission nahm diesen Faden konsequent auf. Das von ihr initiierte Gesetzespaket trat dann im Wesentlichen im April 2004 in Kraft: An die Stelle der Bundesanstalt war die Bundesagentur für Arbeit getreten, an die Spitze trat anstelle eines Präsidenten ein Vorstand. Für die Vermittlung von Arbeitnehmern, die von Arbeitslosigkeit bedroht sind, und die Arbeitslosen, die das aus Versicherungsbeiträgen finanzierte ALG I beziehen, zeichnet die Bundesagentur als Rechtsnachfolgerin der Bundesanstalt für Arbeit mit ihren Arbeitsagenturen verantwortlich.

Die Kompetenz für die Grundsicherung, die Job-Vermittlung und die arbeitsmarktorientierte Qualifizierung der ALG-II-Berechtigten ist den neu geschaffenen Jobcentern übertragen worden, und zwar grundsätzlich gemäß § 44b Sozialgesetzbuch (SGB) II als gemeinsame Einrichtung von Bundesagentur und Gemeindeverbänden (Landkreise). In diesem Kompetenzbereich geht es sowohl um das passive Leistungsrecht, das alle Leistungen zur Sicherung des Lebensunterhalts, etwa die Regelleistung oder Leistungen der Unterkunft und Heizung, umfasst, als auch um das aktive Leistungsrecht, zu dem alle Eingliederungsleistungen wie Arbeitsgelegenheiten, Weiterbildungen oder Eingliederungszuschüsse zählen; dazu gehören schließlich auch die sozialintegrativen kommunalen Leistungen wie Suchtberatung oder Schuldnerberatung. Der Vollständigkeit halber sei noch darauf hingewiesen, dass in begrenztem Umfang die Betreuung von Arbeitsuchenden nach SGB II auch sogenannten Optionskommunen übertragen werden kann, die in eigener Zuständigkeit für ihren Bezirk die Grundsicherungsleistungen nach dem SGB II bereitstellen. Vom Bundesministerium für Arbeit und Soziales sind nach eingehender Prüfung rund 110 Landkreise und kreisfreie Städte als zusätzliche kommunale Träger zugelassen worden.

Seit Umsetzung der Hartz-Reformen werden die Arbeitslosen in Kundengruppen eingeteilt, und zwar im Hinblick auf den Handlungsbedarf zur Initiierung von Integrationsaktivitäten und zur Optimierung des Vermittlungserfolgs. In zielgerichteten Gesprächen werden die Arbeitssuchenden hinsichtlich des angemessenen Qualifizierungsbedarfs beraten, und zwar primär mit Blick auf die Vermittlung in eine Beschäftigung im regulären Arbeitsmarkt.

Ein Großteil dieser Gespräche sollte ursprünglich standardisiert über Callcenter abgewickelt werden. Darüber hinaus sollte die Vermittlung auch an private Dienstleister übertragen werden. Dazu sollten auch die von Peter Hartz vorgeschlagenen Personal-Service-Agenturen (PSA) für vermittlungsorientierte Arbeitnehmerüberlassung gehören. Dieser Reformansatz wurde, weil der Erfolg ausblieb, durch eine Gesetzesnovelle mit Wirkung vom 1. Januar 2009 ersatzlos aufgegeben. Die PSA hatten sich in der Praxis ebenso wenig bewährt wie andere

Vorschläge, so zum Beispiel die sogenannte »Ich-AG« als Startrampe in die Selbstständigkeit.

Die Arbeitsvermittlung ist danach im Wesentlichen Sache der Arbeitsagenturen und der Jobcenter. Zu den weiteren Reformansätzen gehörte auch die Einführung von Vermittlungs- und Bildungsgutscheinen mit dem Ziel der Emanzipation der Arbeitsuchenden im Sinne einer nachfrageorientierten Auswahl von Vermittlungsdiensten und beruflicher Weiterbildung. Man versprach sich davon einen Motivationsschub für die Arbeitslosen und zugleich eine Entlastung für die Jobcenter.

Die strategische Neuausrichtung der Arbeitsmarktpolitik hatte das Ziel, die Vermittlung zielgenauer auszurichten und dadurch zu beschleunigen. Zugleich sollte sparsamer gewirtschaftet und mit geringerem Aufwand als zuvor die Integrationen in Beschäftigung realisiert werden. Alles in allem haben sich diese Neuerungen laut den Ergebnissen der Arbeitsmarkt- und Berufsforschung nachweislich als erfolgreich erwiesen.[1]

Alle aufwändigen Arbeitsförderungsmaßnahmen wurden demgegenüber systematisch zurückgefahren. Das gilt zunächst für die früher in großem Umfang praktizierten Arbeitsbeschaffungsmaßnahmen (ABM), die jetzt sogar ganz ausgelaufen sind.

Auch bei der Förderung der beruflichen Weiterbildung wurden seit 2003 nach und nach deutliche Abstriche gemacht zugunsten einer massiven Ausweitung von Eignungsfeststellungen und Trainings- sowie Aktivierungsmaßnahmen. Die Teilnehmerzahlen gingen bei den Fortbildungsmaßnahmen in ganz Deutschland von rund 563.000 im Jahre 1994 auf 152.800 zum Jahresende 2013 zurück.

Die Erfahrungen der letzten Jahre haben gezeigt, dass die Arbeit der Arbeitsagenturen vor allem im Bereich der frühzeitigen Vermittlung bei drohendem Jobverlust zur Vermeidung von Arbeitslosigkeit beachtliche Erfolge gebracht hat. Stefan Sell, Professor für Volkswirtschaft und Sozialwissenschaften an der Fachhochschule Remagen, führt

---

1 Agenda 2010 – eine Zwischenbilanz: Gustav A. Horn/Camille Logeay, Gibt es eine Reformdividende? Eine vorläufige Bilanz der Arbeitsmarktreformen, S. 160 ff., http://www.wirtschaftsdienst.eu/downloads/getfile.php?id=1489&human=1; ausführlich: Anja Kettner/Martina Rebien: Hartz IV-Reform. Impulse für den Arbeitsmarkt, IAB Kurzbericht Nr. 19 vom 1.10.2007.

dazu aus[2]: »Zentraler Anlaufpunkt für die Arbeitssuchenden ist die Clearingstelle, von der aus die Kundensteuerung organisiert wird. Die Segmentierung ist nach drei Stufen vorgesehen: ›Informationskunden‹ sind Personen, die auf die (auszubauenden) Selbstinformations- und Selbstbedienungsangebote der Job Center verwiesen werden – es handelt sich hier wohl um die ›guten Risiken‹ der Arbeitslosenversicherung. Die ›Beratungskunden‹ benötigen Hilfestellung bei der Arbeitsplatzsuche. Sie werden einem Vermittler zugewiesen, der bei fachlichen und persönlichen Vermittlungshemmnissen entsprechende Maßnahmen veranlassen kann. Die ›Betreuungskunden‹ sind Arbeitssuchende, mit erheblichen vermittlungshemmenden Erschwernissen. Sie werden einem ›Fallmanager‹ zugeordnet.«

Diese Art von Kundenorientierung erscheint einleuchtend, denn sie berücksichtigt systematisch und zielgerichtet die zweifelsohne vorhandenen unterschiedlichen Ausgangssituationen der Arbeitssuchenden und ihre Perspektiven auf dem Arbeitsmarkt. Jedoch stieß dieser serviceorientierte Reformansatz bei der Arbeitsverwaltung auf Fachkräfte, die für diese Konzeption weder mental noch organisatorisch hinreichend vorbereitet waren. Ganz neu waren diese Zielsetzungen allerdings nicht. Denn Sell[3] verweist zu Recht darauf, dass die Arbeitsverwaltung im Vermittlungsbereich bereits in den achtziger Jahren des letzten Jahrhunderts ein Programm zur Weiterqualifizierung und Professionalisierung ihres Personals umsetzte. Seinerzeit wurde die Ausbildung für die Mitarbeiter und Mitarbeiterinnen in Sachbearbeitung und Vermittlung vom gehobenen Dienst auf Fachhochschulniveau angehoben, allerdings mit einer Dominanz von verwaltungsfachlichen und eher juristischen Ausbildungsinhalten. Eine wissenschaftliche Untersuchung aus dem Jahre 1987[4] kam immerhin zudem Ergebnis, dass sich »ein sehr sachliches und professionelles Verhalten der Vermittler beobachten ließ«. Die Autoren dieser Studie typisierten das Rollenverhalten der Vermittler wie folgt:

---

2 Stefan Sell: Modernisierung und Professionalisierung der Arbeitsvermittlung, Bonn 2006, S. 39.
3 Sell: A. a. O., S. 46.
4 W. Eberwein/J. Tholen: Die öffentliche Arbeitsvermittlung als politischsozialer Prozess, Frankfurt am Main 1987.

- **Makler**, die ihre Aufgabe in einer schnellen und reibungslosen Zulieferung geeigneter Arbeitskräfte an die Betriebe sehen. Sie verfügen über gute Betriebskontakte und haben keine Berührungsängste gegenüber den Personalverantwortlichen. Subjektiv definieren sie sich über ihre Vermittlungserfolge.
- **Sozialarbeiter** sehen vorrangig die Hilfestellung, die sie dem Arbeitslosen geben können, und konzentrieren sich auf Beratung in sozialen Fragen.
- **Bürokraten**, die sich an die bürokratischen Regeln und Verfahrensweisen halten und sich dem Arbeitssuchenden gegenüber eher abschirmen.
- **Berater**, die sich den Arbeitslosen gegenüber als Lotsen und Ratgeber in Fragen von Arbeit und Beruf verstehen. Sie zielen auf Motivierung und Aktivierung der Arbeitssuchenden. Im Rahmen der Untersuchung wurden angehende Arbeitsvermittler kurz vor ihrer Laufbahnprüfung in einer Befragung hinsichtlich ihrer Einordnung in diese Typologie überprüft und auch um eine Selbsteinschätzung gebeten. Das Ergebnis war zwiespältig. Abgesehen von den »Maklern« unterschieden sich objektiver Befund und Selbsteinschätzung signifikant.

Vermittlertypen	Aufteilungsbefund	Selbsteinschätzung
Makler	24,1 %	23,1 %
Sozialarbeiter	15,2 %	21,1 %
Bürokrat	29,7 %	14,8 %
Berater	31,0 %	41,0 %

Man mag diese Typisierung hinsichtlich der Begrifflichkeit infrage stellen, aber dass es in der Praxis solche oder ähnliche Aufteilungen gibt, erscheint einleuchtend. Das Verhalten und die Einstellung der Vermittler determinieren jedenfalls ihren Erfolg in der Praxis. Die Hartz-Reformen führten zu umfassenden organisatorischen und personellen Veränderungen in den Jobcentern, die nach modernen betriebswirtschaftlichen Grundsätzen erfolgten. Die massiven Um- und Neubesetzungen verfolgten das Ziel, die Qualifizierung und Vermittlung zu intensivieren, zu beschleunigen und möglichst kostengünstig zu gestalten. Dass dieser Umsteuerungsprozess nicht kurzfristig zu bewältigen war, lag an dem über lange Zeit gewachsenen eher verwaltungstechnischen und juristisch geprägten Aufgabenverständnis, das wesentliche Teile der Jobcenterbelegschaften pflegten.

Es entspricht auch modernen Organisationsstrukturen, dass die Verantwortlichen eines Unternehmens – und die Bundesagentur soll nach dem Willen ihrer Reformer unternehmensorientiert geführt werden – auf Effizienz und Wirtschaftlichkeit achten. Dazu gehört, dass regelmäßig zielorientiert gesteuert (Controlling), evaluiert und geprüft wird, wie in den Organisationsabläufen bei den Dienstleistungen Stärken entwickelt und Schwächen reduziert werden können. Der Vermittlungsskandal von 2002 hatte gravierende Mängel sowohl in der Organisation der Behörde als auch im internen Kontrollsystem der Bundesarbeitsverwaltung offenbart. Daraus wurden weitreichende Konsequenzen gezogen. Manche Reformschritte waren überhastet. Die typischen Schwächen einer reinen Top-down-Organisation, insbesondere bei der Einführung und Umstellung von IT-Maßnahmen, haben zu großen Reibungsverlusten und Verdruss bei den Mitarbeitern in der Breite geführt. So berichtete die Süddeutsche Zeitung am 24. Januar 2012 über schmerzhafte Erfahrungen mit einem zentral eingeführten Buchungssystem für den kompletten Zahlungsverkehr der Bundesagentur für Arbeit – sowohl für die finanzielle Umsetzung der Leistungen im Rechtskreis SGB III als auch für alle Zahlungen der Jobcenter (gemeinsame Einrichtungen) im Bundesgebiet. In der Folge des Vermittlungsskandals reagierte man 2002 mit einer deutlichen Verschärfung der Kontrollsysteme und der Innenrevision. Es sollte ein neuer moderner Dienstleister entstehen mit einem hohen Modernitäts- und Effizienzanspruch, wie er in weiten Teilen von Wirtschaft und Verwaltung als Standard beschworen wird.

Gemeint sind die Zertifizierungs- und Evaluationsverfahren, die sich nahezu flächendeckend verbreitet haben. Der systematische Ansatz, eine Organisationseinheit, gleichgültig ob in Wirtschaft, Gesellschaft oder Verwaltung, technisch und ökonomisch zu optimieren, ist prinzipiell vernünftig. Es hat viel Charme, die Betriebs- und Geschäftsabläufe sowie die technischen Prozesse und die Einhaltung von gesetzlichen und technischen Normen transparent, sicher und effizient zu gestalten.

Leider gab es auf diesem Feld in den letzten Jahren grobe Auswüchse und Verzerrungen. Wer der rasant gewachsenen Evaluations- und

Zertifizierungsbranche blind vertraute, musste manch unangenehme Überraschung erleben. Denn aus dem positiven Ansatz, betriebliche Abläufe gesetzeskonform und den technischen Sicherheitsnormen entsprechend zu gestalten, ist vielfach ein bürokratischer Moloch geworden. Ganze Schrankladungen prall gefüllter Ordner mit einzuhaltenden Betriebsanweisungen sind entstanden, die allein schon wegen mangelnder Überschaubarkeit in der Praxis nutzlos, ja geradezu pervers erscheinen. Diese Entwicklung hat auch vor der Arbeitsverwaltung nicht Halt gemacht. Der Ausbau der Innenrevision der Bundesagentur war vor dem Hintergrund des Vermittlungsskandals der neunziger Jahre durchaus sinnvoll. Aber inzwischen scheinen sich die Evaluationsanforderungen der BA-Zentrale – es handelt sich um systemische Überprüfungen – in einem Maße zu häufen, dass die »normale Arbeit« darunter zu leiden droht. Es ist wenig sinnvoll, große Teile der Arbeitszeit der Jobvermittler in den Arbeitsagenturen und der Mitarbeiter in den Jobcentern für ausufernde Evaluationsbürokratien und dezidierte Kontrollverfahren zu vergeuden. Die kontraproduktiven Praktiken in der Bundesagentur für Arbeit wurden vom Hauptpersonalrat der Behörde scharf angegriffen, und der Chef der Behörde forderte eine Reduzierung der damit verknüpften umfangreichen Datenerhebungen. Die Mitarbeiter seien für die Menschen da und nicht für die Erhebung statistischer Daten.

In jedem Fall empfiehlt sich eine nüchterne und ungeschminkte Effizienzkontrolle der Controlling- und Evaluationsverfahren sowie der Überprüfungsrhythmen. Denn schiere Kontrolle um der Kontrolle willen ist letztlich sinnlos und grenzt an Ressourcenverschwendung – von der Motivationsschädigung der betroffenen Mitarbeiter ganz zu schweigen.

Dennoch ist das Controlling der Bundesagentur im Prinzip nachvollziehbar und legitim, geht es doch in jedem Fall um die Sicherung der Mittelverwendung. Aufwand und Ertrag müssen jedoch in einem angemessenen Verhältnis stehen.

Und letztlich sollte man nie aus den Augen verlieren, dass jeglicher Einsatz dem Ziel unterzuordnen ist: Möglichst viele Menschen dauerhaft in reguläre Arbeitsverhältnisse zu bringen.

6   Der Qualifizierungsauftrag der Arbeitsverwaltung

Die konjunkturelle und strukturelle Entwicklung ist von dominanter Bedeutung für den Arbeitsmarkt. Es versteht sich von selbst, dass die Bundesagentur und ihre regionalen Untergliederungen primär nur in dem Maße vermitteln können, wie Wirtschaft und Behörden freie Stellen anbieten.

Ein wesentlicher Bestandteil des mit dem Namen Peter Hartz verbundenen Reformpakets der Regierung Schröder war die Verbesserung der Vermittlungsfähigkeit von Arbeitslosen durch gründliche Erforschung der individuellen Ausbildungsdefizite und eine gezielte individuelle Beratung zur beruflichen Weiterbildung. Die Reformabsicht ging vor allem dahin, die Voraussetzungen für eine möglichst frühzeitige und rasche Vermittlung nachhaltig zu optimieren.

Die Bundesagentur für Arbeit bietet eine ganze Reihe von Berufsvorbereitungsmaßnahmen (§ 61 SGB III) und berufsfachlichen Ausbildungswegen an, deren Kosten ebenso übernommen werden wie Ausbildungsbeihilfe (§§ 45 ff. SGB III). Aus pragmatischen Gründen bietet sich dabei die Qualifizierung für Berufe an, die vor allem in expansiven Geschäftsbranchen ein erhöhtes Nachfragepotenzial versprechen. In den Explorationsgesprächen der Fachvermittler der Bundesagentur und der Jobcenter geht es darum, Eignung, Befähigung und Neigung der Vermittlungspersonen zu erkunden. Für diese Potenzialanalysen braucht man versierte und motivierte Fachleute. Ihre Aufgabe ist es, die Beratungsgespräche einfühlsam, zügig und umfassend zu führen und mit den »Kunden« einvernehmlich eine Qualifizierungsmaßnahme zu finden, die in eine Eingliederungsvereinbarung mündet. Je besser der Arbeitslose motiviert wird, desto engagierter und offensiver wird er sich der Qualifizierungs- oder Aktivierungsaufgabe verschreiben. Und mit wachsendem Selbstvertrauen steigen seine Aussichten, bei aktiven Bewerbungen oder Vermittlungsverfahren erfolgreich zu sein.

Die schier unübersichtliche Fülle von Geschäftszweigen und Berufsfeldern macht es nahezu unmöglich, für alle Betroffenen zeit- und ortsnahe Qualifizierungsmaßnahmen bereitzuhalten. Um erfolgreiche Vermittlung zu begünstigen, kann die Arbeitsverwaltung sinnvollerweise neben Angeboten in Wohnortnähe auch solche genehmigen, für die Arbeitsuchende befristet den Wohnort wechseln müssen. Dazu muss in jedem Fall ermuntert werden. Die zulässige Erstattung von Reisekosten dürfte dafür hilfreich sein. Bei grundloser und renitenter Weigerung sollten durchaus auch Sanktionen angedroht und ins Auge gefasst werden. Denn ohne hinreichende Qualifizierung ist eine erfolgreiche Rückkehr in den Arbeitsmarkt kaum möglich. Mehr oder weniger sanfter Druck erscheint durchaus sinnvoll und nützlich. In welchem Ausmaß das passierte, zeigt Grafik 2 [☛ siehe rechts S. 33].

Die Praxis war im Wesentlichen geprägt von der Fokussierung auf die (arbeitgeberorientierten) Anforderungen des Arbeitsplatzes, kombiniert mit teilweise rigiden Sanktionsmechanismen. Die Bewerberaktivierung durch kurze preisgünstige Trainingsmaßnahmen und die Verhängung von Sperrzeiten führten in erheblichem Umfang zu Bestandsbereinigungen und sekundär zu Einsparungen beim Arbeitslosengeld. Gute Erfolge wurden jedoch im Wesentlichen vor allem bei der frühen Vermittlung vor Verlust des Arbeitsplatzes oder unmittelbar danach erzielt. Die Fachkräfte in den Arbeitsagenturen und Jobcentern konzentrieren sich primär auf das Kerngeschäft. Das sind die Aufgaben der Qualifizierung und Vermittlung von Arbeitssuchenden, fachtechnisch als »Creaming« bezeichnet. Und so rückte die weitaus schwierigere, zudem zeitaufwändige und damit auch teure Betreuung von Langzeitarbeitslosen mehr und mehr in den Hintergrund. Da passte die neue Unternehmensphilosophie von Bundesagentur und Jobcentern (»rasch, effizient und preiswert«) eben gar nicht.

Zweifelsohne ist es volkswirtschaftlich erstrebenswert und gesellschaftspolitisch sinnvoll, Arbeitslose möglichst rasch in neue Stellen zu vermitteln. Werden hier nachhaltige Erfolge erzielt, so können die öffentlichen Kassen und die Arbeitslosenversicherung entlastet werden. Die Reformer waren sich dabei bewusst, dass den Betroffenen viel zugemutet wurde: Fortan mussten Arbeitsverhältnisse mit Löhnen und Gehältern akzeptiert werden, die das – auch über Jahre – gewohnte Einkommensniveau manchmal deutlich unterschritten. Unannehmlichkeiten wie Ortswechsel zum Arbeitsplatz und weite Wege sind nach dem neuen Recht zumutbar. Gleiches gilt für neue Arbeitsplätze, für die man sich – auch mit erheblichem Aufwand – weiterbilden muss, bis hin zu vollständiger Umschulung. Die Vorstellungen der Betroffenen sollen zwar nach Möglichkeit berücksichtigt werden, aber vorrangig geht es immer um die Vermittlung in einen Arbeitsplatz und nicht um

Grafik 2: Sanktionen und Sanktionsquoten im SGB-II-Bezug 2007–2012
Erwerbsfähige Leistungsberechtigte (eLb) mit Sanktionen absolut und in % aller eLb

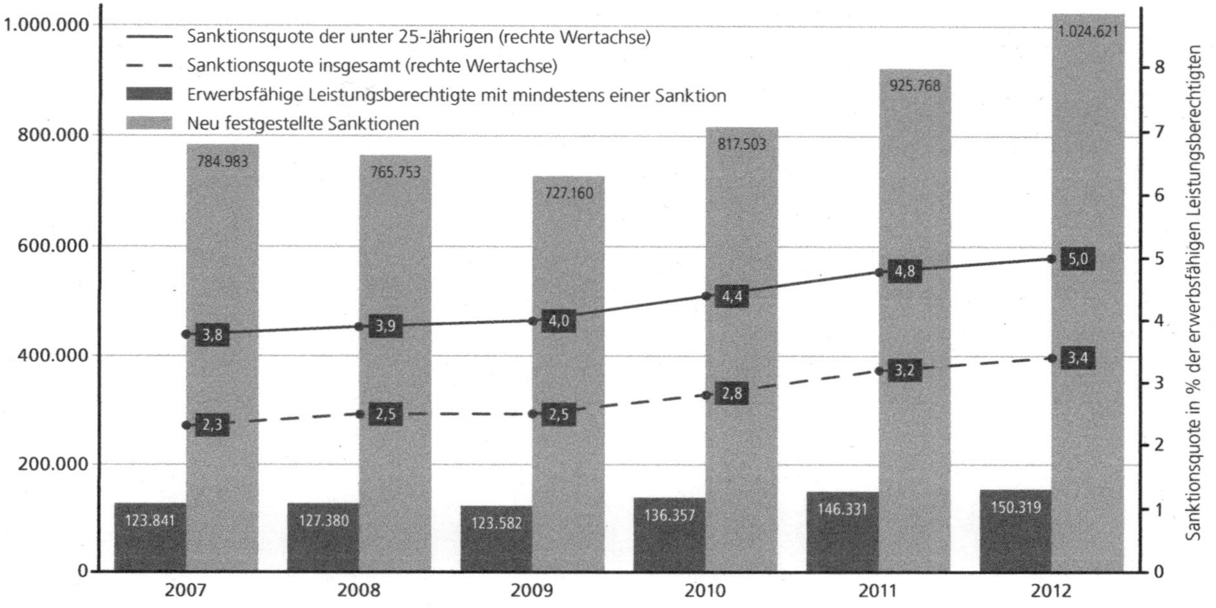

Jahr	Neu festgestellte Sanktionen	Erwerbsfähige Leistungsberechtigte mit mindestens einer Sanktion	Sanktionsquote insgesamt (%)	Sanktionsquote der unter 25-Jährigen (%)
2007	123.841	784.983	3,8	2,3
2008	127.380	765.753	3,9	2,5
2009	123.582	727.160	4,0	2,5
2010	136.357	817.503	4,4	2,8
2011	146.331	925.768	4,8	3,2
2012	150.319	1.024.621	5,0	3,4

Sanktionsquote in % der erwerbsfähigen Leistungsberechtigten

Quelle: Bundesagentur für Arbeit (BA) [2013], Statistik der Grundsicherung für Arbeitssuchende nach dem SGB II, Zeitreihe zu Sanktionen nach Ländern | © IAB

die Selbstverwirklichung. Die im Grundsatz unstreitigen Reformziele, Vermeidung und Verringerung von Arbeitslosigkeit, waren also sowohl mit deutlichen Verpflichtungen, aber auch mit spürbaren Einschränkungen für die Betroffene verbunden. Hinzu kam das Primär-Prinzip, dass auch die Vermittlung in Teilzeitarbeit und geringfügige Beschäftigung als Sprungbrett in sozialversicherungspflichtige Vollzeittätigkeit als Erfolg gewertet wird.

Im Laufe der Zeit schwoll unter anderem deswegen die Zahl der Mini-Jobber mit 400-Euro-Verträge deutlich an – mit unangenehmen Folgen für die künftige Altersversorgung. Man mag damit argumentieren, dass jegliche Beschäftigung besser sei als schiere Arbeitslosigkeit. Aber die Folgen waren sozialpolitisch höchst problematische Niedriglöhne, die mit staatlichen Mitteln durch ALG II aufgestockt werden müssen. Das Grundsicherungsniveau erfüllt damit auch die Hilfsfunktion eines Mindestlohnes. Und gleichzeitig erlebten wir eine enorme Ausweitung des Leiharbeitsmarkts – dort ebenfalls mit diskriminierenden Löhnen und Gehältern. Diese tief gehenden Veränderungen führten denn auch zu heftigen Protesten und »Montagsdemonstrationen«. Sehr viele Menschen fürchteten nicht ohne Grund den finanziellen und zugleich auch sozialen Absturz und empfanden das als persönliche Zumutung. So manchem stieß bitter auf, sich bereits nach einem Jahr Bezug von Arbeitslosengeld (ALG I) ohne gleitende Übergangsregelungen und ohne jegliche Bindung an das letzte Gehalt recht unsanft in die Grundsicherung von Hartz IV (ALG II) geschubst zu sehen. Dank der Reform mussten sie auch noch hinnehmen, dass sie ihr häufig unter Entbehrungen angespartes Vermögen, das Eigenheim und die Notgroschen, die vielleicht für die Altersvorsorge beiseitegelegt worden waren, auf Hartz IV angerechnet wurden.

Auch wenn die mit den Hartz-Reformen eingeführten »Daumenschrauben« am Arbeitsmarkt in breitem Konsens von Regierung und Opposition beschlossen wurden und Deutschland für seine mutigen Reformen im Ausland viel Lob erntete, wurde die Regierungspartei SPD in der Folgezeit dafür hart abgestraft. Die als Arbeiterpartei und Anwalt der kleinen Leute gegründete Partei sank in der Wählergunst so drastisch ab, dass bei der Bundestagswahl 2009 noch gerade einmal 22 Prozent der Stimmen auf die Sozialdemokratie entfielen. Sie hatte sich offenkundig zu weit von ihrer Basis entfernt. Ihr früherer Vorsitzender Oskar Lafontaine, der maßgeblich zum Wahlsieg von Rot/Grün 1998 beigetragen hatte, verließ die SPD und sammelte die Frustrierten in der mit der PDS vereinigten Partei der Linken, die sich inzwischen im politischen Spektrum in fast ganz Deutschland etabliert hat. Nach Schröders Abwahl reagierte Große Koalition aus CDU/CSU und SPD schließlich auf die anhaltende Kritik und Proteste. Sie entschloss sich 2008, die Laufzeit des Arbeitslosengeldes I für ältere Arbeitnehmer durch eine Gesetzesnovelle deutlich zu erhöhen. Das Arbeitslosengeld I wird jetzt nach Beschäftigungsdauer und Lebensalter gestaffelt und erreicht nach Vollendung des 58. Lebensjahres bei 48 Monaten Anwartschaft eine Höchstdauer von 24 Monaten.

Es wurden gleichzeitig auch höhere Freibeträge (je nach Zeitpunkt der Geburt zwischen 9.750 Euro und 10.050 Euro) für das nicht anrechenbare Schonvermögen bei Arbeitslosengeld II zugestanden. Freibeträge zwischen 48.750 und 50.250 Euro wurden auch für die Altersvorsorge eingeräumt und insoweit nicht mehr auf Hartz IV angerechnet.

Außerdem sind ausgenommen vom anrechnungspflichtigen Vermögen (Schonvermögen)
- angemessener Hausrat;
- ein angemessenes Kraftfahrzeug;
- ein selbst genutztes Hausgrundstück von angemessener Größe (bis 130 m² Wohnfläche für einen Vier-Personen-Haushalt; 90 m² für Einzelpersonen; bei Eigentumswohnungen gilt Entsprechendes: für Vier-Personen-Haushalte 120 m², für Einzelpersonen 80 m²).

Verlierer der Arbeitsmarktreformen waren vor allem die Bezieher von Arbeitslosenhilfe, die wegen der bisher prozentualen Ausrichtung am letzten oder am erzielbaren Einkommen höhere Bezüge hatten, als ihnen nach den neuen Pauschalregelsätzen des ALG II zustanden. Das traf vor allem Ältere mit langem Erwerbsleben, die sich hier zu Recht als benachteiligt ansahen. Wer aber weniger Arbeitslosenhilfe bezog, als ihm nach den neuen Regelsätzen zustand, konnte sich sogar verbessern.

7 Was haben die Hartz-Reformen bewirkt?

Sind die Erwartungen, die Regierung und Bundestag mit den Hartz-Gesetzen verbanden, im Wesentlichen erfüllt worden? Konnte die Arbeitslosigkeit durch »Fördern und Fordern« eingedämmt werden? Wie sieht die Bilanz nach 10 Jahren Hartz IV aus?

Kernstück der Hartz-IV-Reform war die Absicht eine umfassende Aktivierung der Eigenverantwortung der Arbeitslosen und der von Beschäftigungsverlust bedrohten Arbeitnehmer zu erzielen. Eine wesentliche Erwägung dabei war auch, dass die Vermittlung von Arbeitslosen umso erfolgreicher ist, je früher sie einsetzt. Längere Arbeitslosigkeit geht erfahrungsgemäß mit zunehmendem Verlust an Wissen und Kompetenzen jeglicher Art einher und führt damit zwangsläufig zu geringeren Vermittlungschancen und im Endeffekt zu Langzeitarbeitslosigkeit.

8 Eine Erfolgsbilanz?

In einer Untersuchung des Instituts für Arbeitsmarkt- und Berufsforschung (IAB) aus dem Jahr 2011[5] wird allerdings für den Zeitraum 2005 bis 2007 nachgewiesen, dass die Anzahl der ALG-II-Bezieher nach den Hartz-IV-Reformen im Vergleich zu den Empfängern von Arbeitslosenhilfe und Sozialhilfe nicht wesentlich zurückgegangen ist. Das gilt auch für die sogenannte Verweildauer in Arbeitslosigkeit.

Es soll nicht verhehlt werden, dass die Hartz-IV-Reformen durchaus positive Impulswirkungen für den Arbeitsmarkt entfaltet haben.[6] Schon im Jahr nach der Gesetzesnovelle, im Zeitraum 2005/2006, meldete jeder fünfte Betrieb eine Zunahme von Initiativbewerbungen.

---

5 Sonja Fehr/Georg Vobruba: Die Arbeitslosigkeitsfalle vor und nach der Hartz-IV-Reform, WSI-Mitteilungen 5 (2011), S. 211 ff.

6 Kurzbericht Nr. 19 des Instituts für Arbeitsmarkt und Berufsforschung der Bundesagentur für Arbeit (IAB) vom 1.10.2007, S. 3 ff.

Bewerber waren jetzt vermehrt und häufiger als früher bereit, auch Stellen zu akzeptieren, die unter ihrem Erfahrungs- und Qualifikationsniveau lagen. Auch hinsichtlich der Lohnhöhe – so berichteten 20 Prozent der Betriebe – waren Arbeitssuchende eher geneigt, Abstriche hinzunehmen. Schwer besetzbare Stellen fanden deutlich mehr Bewerber und konnten erfolgreicher besetzt werden als vor der Reform. Eine repräsentative Umfrage des IAB in allen Wirtschaftszweigen, an der sich rund 13.500 Betriebe beteiligten, untermauerte im Wesentlichen diesen Befund. Hinzu kam noch, dass freie Stellen für Un- oder Angelernte wieder leichter zu besetzen waren und dass die Betriebe auch zusätzliche Arbeitsplätze für Geringqualifizierte bereitstellten.[7] Die Hartz-IV-Reform hat folglich die Beschäftigungsentwicklung quantitativ insgesamt positiv beeinflusst.

Weitere Untersuchungen des IAB aus den Jahren 2009 und 2013 haben dieses Ergebnis in der Praxis bestätigt. Diese Bilanz wird mehr als zehn Jahre nach dem Start der Arbeitsmarktreform in zahlreichen Stellungnahmen in Politik und Medien bekräftigt. Ganz besonders im europäischen Ausland wird darauf hingewiesen, dass Deutschland vom »kranken Mann« zum wirtschaftlichen Musterland geworden sei.

Die Bilanz der Arbeitsmarktreform in Zahlen nimmt sich ausgesprochen beeindruckend aus. Lag die Zahl der Erwerbstätigen in Deutschland im Jahr 2002, vor Inkrafttreten der Agenda 2010, bei 39,3 Millionen, so werden im Oktober 2014 bei 43,01 Millionen vermeldet. Das ergibt einen Zuwachs von nahezu 4 Millionen neuen Jobs. Dies soll nach einer Untersuchung eines renommierten amerikanischen Wirtschaftsforschers zu rund 50 Prozent auf die Hartz-Reform zurückzuführen sein. Auf der Aktivaseite der Hartz-Bilanz stehen somit 2 Millionen neue Jobs und ein Rückgang der Arbeitslosigkeit um 2,2 Millionen Menschen.

Der erste Anschein spricht also dafür, dass die Agenda 2010 ein segensreiches und überaus wirksames Medikament war. Nichts an dieser Rechnung ist falsch. Aber wie bei vielen Arzneien gibt es Nebenwirkungen, die diese Erfolgsbilanz trüben. In einem gründlich recherchierten und an der Lebenswirklichkeit Betroffener[8] orientierten Beitrag hat Roland Kirbach in der ZEIT Nr. 33 vom 7. August 2013 einige Aus-

---

7 Kurzbericht Nr. 19 des Instituts für Arbeitsmarkt und Berufsforschung der Bundesagentur für Arbeit (IAB) vom 1.10.2007.
8 Alle Namen sind aus Datenschutzgründen geändert.

wirkungen der Hartz-Reformen geschildert. Wegen der treffenden und praxisbezogenen Problemschilderung soll er nachfolgend ausführlich zitiert werden.

Beginnen wir mit der Leiharbeit, deren systematische Ausweitung mit den Schröder'schen Reformen ermöglicht wurde. Kirbach schildert die Geschichte des Fließbandarbeiters Jens Blum (alle Namen geändert):

Wenn Jens Blum in einer Fabrik in Norddeutschland den Blaumann anzieht, ist er von seinen Kollegen nicht zu unterscheiden. Der 44-Jährige trägt dieselbe Arbeitskluft wie alle anderen, auf dem Rücken prangt das Logo eines großen Autoherstellers. Am Fließband baut Blum Kabelbäume in die Türen der im Minutentakt an ihm vorbeiziehenden Autos ein.
Blum hat die gleichen Arbeitszeiten wie seine Kollegen, mal Früh-, mal Spätschicht. Er nutzt denselben Pausenraum, dieselben Duschen, dieselbe Kantine. Und doch ist Blum keiner von ihnen. Die Arbeitskleidung des Autoherstellers hat er der Autofirma von seinem eigenen Geld abgekauft.
Der gelernte Schweißer Jens Blum ist Leiharbeiter. Den dünnen, billigen Arbeitsoverall, den die Leiharbeitsfirma ihm zur Verfügung stellt, zieht er nicht an, so wie die meisten anderen der 200 Leiharbeiter im Werk. Sie wollen sich nicht als Arbeiter zweiter Klasse fühlen.
Genau das sind sie aber: Blum erledigt zwar die gleiche Arbeit wie die Stammarbeiter, doch er bekommt nicht den gleichen Lohn. »2.500 Euro brutto hab ich, das sind 1.600 bis 1.700 netto«, sagt er. Blums Kollege aus der Stammbelegschaft, der neben ihm am Band steht und ebenfalls Kabelbäume in die Autos einbaut, erhält rund 850 Euro brutto mehr pro Monat.
Seit zehn Jahren schon schlägt sich Blum mit Leiharbeitsjobs und kurzen Anstellungsverträgen durch. Mal war er bei einem Hersteller von Wasserhähnen, mal bei einem Schiffszulieferer. Seit drei Jahren arbeitet er nun im Autowerk, aber wie lange es weitergeht, weiß er nicht. Seine Beschäftigung wird immer nur für drei oder sechs Monate verlängert. »Man kann nie lange planen«, sagt Blum. Er ist alleinerziehender Vater und wohnt mit seinem halbwüchsigen Sohn in einer kleinen Dreizimmerwohnung am Stadtrand. Blum wagt keine größeren Anschaffungen, nimmt keinen Kredit auf, weil er nicht weiß, ob er die Schulden abzahlen kann oder bald arbeitslos ist.

Womöglich ist er es schon sehr bald. Vor zwei Wochen hatte Blum einen Bandscheibenvorfall. Er ist krankgeschrieben. Sein Vorarbeiter hat ihm gesagt, spätestens nächste Woche müsse er wiederkommen, er brauche ihn. Jetzt fürchtet Blum, der Autokonzern werde bei der Leiharbeitsfirma nach Ersatz fragen. Dann könnte die Leiharbeitsfirma einen neuen Mann schicken und Blum entlassen, mit der Begründung, er sei zu lange krank. Juristisch wäre das tatsächlich möglich.
Mit kaputter Bandscheibe in die Fabrik gehen oder die Entlassung riskieren – das ist die Frage, die sich dem Leiharbeiter Jens Blum jetzt stellt. Wenn ein Unternehmen viele Aufträge hat, soll es seine Mitarbeiter keine Überstunden schieben lassen, sondern lieber vorübergehend Leiharbeiter einstellen. Mehr Jobs statt mehr Stunden, das war das Kalkül der Agenda 2010. Jens Blum und seine 200 Leiharbeiterkollegen sind nicht vorübergehend in dem Autowerk eingestellt, sondern dauerhaft. Das ist möglich, weil ihr befristeter Einsatz dank der Gesetzesänderungen der vergangenen Jahre beliebig oft verlängert werden konnte.

Im Jahr 2012 gab es in Deutschland 820.000 Leiharbeitsplätze. Zehn Jahre zuvor waren es nur 310.000. Ein Zuwachs von mehr als 500.000 Leiharbeitsjobs. Aber nur in etwa die Hälfte sind neue, zusätzlich geschaffene Arbeitsplätze. Rund 250.000 wurden also zu Leiharbeit, für die man unbefristete und besser bezahlte Jobs opferte. Das belegt eine zu Anfang des Jahres 2013 vorgelegte Studie des Instituts für Arbeitsmarkt- und Berufsforschung (IAB), wonach jede zweite Leiharbeitsstelle einen Arbeitsplatz in der Stammbelegschaft verdrängt. Vielfach nutzten insbesondere Großbetriebe die Gunst der Stunde, gründeten eigene Leiharbeitsfirmen, gliederten Mitarbeiter in die Leihfirma aus und stellen sie zu deutlich schlechteren Arbeitsbedingungen wieder am alten Arbeitsplatz ein. Reform pervers muss man hier sagen.

Ein nicht unwesentlicher Teil der Jobzuwächse wurde ferner durch die nachhaltige Ausweitung der Minijobs erzielt. Die Hartz-Reformer hatten Minijobs eher als Übergangslösung gedacht.

Für Langzeitarbeitslose und für Frauen – so Roland Kirbach in dem bereits zitierten Beitrag in der ZEIT vom 7. August 2013 – die aus familiären Gründen längere Zeit zu Hause geblieben waren, sollten Minijobs eine Brücke zurück in eine reguläre sozialversicherungspflichti-

ge Beschäftigung schlagen. Klein anfangen, sich einarbeiten, dann eine richtige Stelle bekommen, das war die Hoffnung. Es war eine Illusion.

Zu diesem Ergebnis kommt eine neue Studie im Auftrag des Bundesfamilienministeriums. Demnach gibt es in Deutschland mittlerweile 7,5 Millionen Minijobber, vor allem im Einzelhandel, auch das Reinigungsgewerbe und die Gastronomie setzen auf Minijobs. Für fast 5 Millionen Beschäftigte ist der Minijob der Hauptjob. Für Menschen mit Minijob als Haupt- und nicht als Nebenbeschäftigung entfalteten die Jobs »eine schnell einsetzende und hohe Klebewirkung und keine Brückenfunktion«, schreibt der Autor der Studie, Professor Carsten Wippermann vom Delta-Institut für Sozial- und Ökologieforschung. Nur jeder siebte Minijobber schafft den Sprung auf eine Vollzeitstelle, hat Wippermann herausgefunden. Nur jeder Vierte erreicht wenigstens eine reguläre Teilzeitstelle mit mindestens 20 Stunden pro Woche. Zwei Drittel der Minijobber sind Frauen, heißt es in der Studie. Auch mit guter Ausbildung würden sie nicht mehr als Fachkraft wahrgenommen, sondern »bekommen das stigmatisierende Label ›Minijobberin‹ und haben kaum noch Chancen auf eine sozialversicherungspflichtige Beschäftigung. Seit Beginn des Jobwunders sind in Deutschland 2 Millionen neue Minijobs entstanden, auch die Zahl der Teilzeitjobs insgesamt ist kräftig gestiegen. Nach einer Studie des IAB kommt es vor allem in kleinen Betrieben häufig vor, dass reguläre Arbeitsplätze gestrichen und durch mehrere Minijobs oder Teilzeitarbeitsplätze ersetzt werden.«

Und immer mehr Männer, vor allem junge Männer unter 40, dringen in die einstmals reine Frauendomäne Teilzeitarbeit vor, hat der Arbeitsmarktforscher Karl Brenke vom Deutschen Institut für Wirtschaftsforschung (DIW) in Berlin herausgefunden. Allerdings nicht, weil sie mehr Zeit für ihre Familien haben wollen: Ein großer Teil von ihnen findet keine Vollzeitstelle.

Mehr als 2 Millionen Menschen, Frauen wie Männer, arbeiten inzwischen unfreiwillig Teilzeit, hat Brenke festgestellt. Für sie sei ihr Job nur eine Notlösung, sagt der Wissenschaftler.

Die Bundesrepublik sei, so fasste es Roland Kirbach zusammen, in einigen Branchen längst zu einem Billiglohnland geworden. Und er erzählt dazu folgende Geschichten:

Kürzlich tauchte ein Handwerker in der Sprechstunde auf, er betrieb ein Ein-Mann-Unternehmen für Dienstleistungen rund ums Haus. Der Mann hatte schweren Diabetes, Komplikationen waren absehbar. Weil der Handwerker jahrelang zu wenig verdient hatte, war er bei seiner Krankenversicherung mit den Beiträgen immer weiter in Rückstand geraten, schließlich waren die Schulden so hoch, dass die Versicherung ihn ausschloss.
Solche Fälle sind keine Einzelschicksale mehr. Nach einer aktuellen Schätzung des Bundesverbandes der Privaten Krankenversicherungen haben inzwischen 140.000 Bundesbürger keine Krankenversicherung. Weshalb der Bundestag, wenige Wochen bevor Kanzlerin Merkel sagte, Deutschland könne stolz auf seine Arbeitsmarkterfolge sein, eigens das »Gesetz zur Beseitigung sozialer Überforderung bei Beitragsschulden« verabschiedete. Wer sich bis zum Ende dieses Jahres krankenversichert, dem sollen sämtliche Beitragsrückstände erlassen werden.
Zwischen 2002 und 2012 ist die Zahl der Ein-Personen-Unternehmen in Deutschland von 1,7 Millionen auf 2,2 Millionen gestiegen. Nicht wenige davon sind Niedriglöhner.
Ein Lohn gilt als Niedriglohn, wenn er weniger als zwei Drittel des mittleren Verdiensts aller Beschäftigten ausmacht. In Deutschland liegt die Grenze dafür hierzulande bei 9,54 Euro brutto in der Stunde, alles darunter wird als Niedriglohn bewertet. Davon sind stattliche ca. 7,3 Millionen Menschen betroffen, das sind immerhin 22 Prozent aller Berufstätigen in Deutschland. Einen höheren Anteil an Geringverdienern haben in Europa nur Lettland, Litauen, Rumänien und Polen.

In manchen Branchen würden in Deutschland fast nur noch Geringverdiener arbeiten. 87 Prozent aller Taxifahrer bekämen laut Statistischem Bundesamt einen Niedriglohn.

Ebenso 86 Prozent der Friseure, 77 Prozent der Bedienungen in Gaststätten, 69 Prozent der Verkäufer im Einzelhandel, 68 Prozent aller Leiharbeiter, 68 Prozent der Beschäftigten in Callcentern, 62 Prozent des Hotelpersonals, 60 Prozent der Wachleute bei privaten Sicherheitsdiensten.

Viele Beschäftigte würden versuchen, aus dem Niedriglohnkeller herauszukommen, indem sie besonders lange arbeiten. Das habe der

Arbeitsmarktexperte Brenke vom DIW herausgefunden. Doch das gelinge nur zu einem geringen Teil. 900.000 Niedriglöhner arbeiteten mehr als 50 Stunden in der Woche. Arbeitnehmer dürfen nach den Arbeitsschutzvorschriften nicht mehr als 48 Stunden wöchentlich arbeiten, aber die Schutzvorschrift werde häufig ignoriert, kritisiere Brenke.

Längst, so stellt Kirbach fest, »ist die Bundesrepublik in einigen Branchen zum Billiglohnland des Kontinents geworden. Empörten sich die Bürger vor wenigen Jahren noch darüber, dass Nordseekrabben in Marokko gepult wurden, werden mittlerweile Schweine aus europäischen Nachbarländern nach Deutschland gekarrt und hier geschlachtet. Der belgische Wirtschaftsminister, dänische Gewerkschafter, französische Industrielle, österreichische Großhändler, sie alle schimpfen öffentlich auf die Dumpinglöhne im einstigen Hochlohnland Deutschland. Inzwischen sind bei der EU-Kommission mehrere Beschwerden wegen Wettbewerbsverzerrung eingegangen.«

Der ZEIT-Autor referiert weiter Fälle aus der Praxis:

»Nicht einmal drei Euro pro Stunde verdient die Minijobberin Iris Engler. Sie hat es besser getroffen als Jens Blum. Allerdings nur auf den ersten Blick. Sie sitzt in einem mit alten Holzmöbeln eingerichteten Café in der Kleinstadt Delmenhorst bei Bremen, vollgestopft mit handgefertigten Hüten, Puppen, Kissen und Kleidern. Früher war das Café das Pförtnerhaus der Norddeutschen Wollkämmerei & Kammgarnspinnerei. Das Werksgelände mit den über 100 Jahre alten Fabrikgebäuden aus rotem Backstein ist heute ein Industriedenkmal. In einer Wohnung am Rand des Areals lebt Iris Engler mit ihrem Mann und ihren beiden Töchtern.
Das Café ist Englers Arbeitsplatz. Es ist auch die vorläufige Endstation ihres stufenweisen Abstiegs. Iris Engler hat Schriftsetzerin gelernt, vor vielen Jahren, einen Beruf, den es heute nicht mehr gibt. Regelmäßig hat sie Fortbildungen besucht, 13 Jahre lang hatte sie eine gut bezahlte Vollzeitstelle bei einem Kunstverlag in Bremen, unbefristet, Sozialversicherung, Urlaubsanspruch. Als die Aufträge zurückgingen, erhielt sie die Kündigung, das war vor fünf Jahren. Engler bekam eine neue Stelle bei einem Verlag in Oldenburg, wieder ein regulärer sozialversicherungspflichtiger Job – aber nur Teilzeit und nur befristet auf ein Jahr.

Schon bald musste sich Engler wieder eine neue Arbeit suchen. Ihr Mann verdient als einfacher kaufmännischer Angestellter bei einem Kaffeehersteller zu wenig, mit seinem Einkommen allein lägen die Englers nur 100 Euro über dem Hartz-IV-Satz für eine vierköpfige Familie. Doch diesmal fand Iris Engler in ihrem erlernten Beruf keinen Job mehr. »Nach einem halben Jahr Arbeitslosigkeit war ich bereit, jede Arbeit anzunehmen«, sagt sie. Sie wurde Kurierfahrerin für ein Dentallabor, es war ihr erste Begegnung mit einem Begriff, den es noch nicht lange gibt in Deutschland: Minijob.

Ein Minijob, auch »geringfügige Beschäftigung« genannt, ist eine Arbeitsstelle, die mit höchstens 450 Euro im Monat entlohnt wird. Für Minijobs müssen die Arbeitgeber nur geringe Sozialversicherungsbeiträge bezahlen, das macht sie kostengünstig. Minijobs waren deshalb ein wichtiges Element der Agenda 2010.

Iris Engler bekam in ihrem ersten Minijob sechs Euro pro Stunde und keinen bezahlten Urlaub, krank durfte sie nicht werden. »Mein Chef sagte: Wenn Sie den gelben Schein bringen, sind Sie den Job los.« Im Ford Fiesta des Dentallabors raste sie durch Südniedersachsen. »Ich musste immer um eins zu Hause sein und die Kleine aus der Vorschule abholen«, erzählt sie. »Ich bin dauernd zu schnell gefahren und oft geblitzt worden.«

Immer wieder habe sie ihren Chef gedrängt, sie regulär auf Lohnsteuerkarte zu beschäftigen, doch das habe der strikt abgelehnt. Schließlich warf sie den Job hin und beschloss mit ihrem Mann, das Café in der alten Wollkämmerei zu übernehmen. Er hat das Lokal gemietet und betreibt es offiziell, sie ist seine Angestellte und führt den Laden für 450 Euro im Monat, steuerfrei, krankenversichert über ihren Mann, der weiterhin jeden Tag ins Büro geht.

Die Englers sind jetzt also Unternehmer. Das hört sich gut an, aber das Café wirft gerade so viel ab, dass es für Iris Englers Minijob, für die Miete und die laufenden Ausgaben reicht. Von 11 bis 18 Uhr ist das Café geöffnet, genauso lange arbeitet sie jeden Tag.

Auf welchen Stundenlohn kommt sie umgerechnet? So genau wolle sie das gar nicht wissen, sagt Engler, »irgendetwas zwischen 2,50 und drei Euro«, noch weniger als in ihrem Job als Kurierfahrerin.

Der Leiharbeiter Jens Blum und die Minijobberin Iris Engler haben etwas gemeinsam. Sie haben zwar eine sogenannte »atypische Beschäftigung«, so wird jede Arbeit genannt, die befristet, nicht sozialversicherungs-

pflichtig, ein Teilzeitjob oder Leiharbeit ist. Aber: Den Statistikern ist das egal. Sie zählen jede Art von Arbeit als Beschäftigungserfolg. Jens Blum und Iris Engler empfinden sich selbst eher als Verlierer des Arbeitsmarktes. Offiziell aber zählen sie zu den Gewinnern, zu jenen, denen das Medikament Agenda 2010 geholfen hat.«

Und Mario Gliese:

»*In der Kleinstadt Ahlhorn im Kreis Oldenburg steht Mario Gliese, an ein Mäuerchen gelehnt, vor dem grauen Mehrfamilienhaus, in dem er mit Frau und zwei Töchtern wohnt. Die Sonne scheint, Gliese hat eine Thermoskanne Kaffee mitgebracht. Den könne man doch hier vor dem Haus trinken, schlägt er vor.*
Gliese sieht aus wie ein Boxer. Der 53-Jährige hat eine untersetzte, bullige Statur und einen muskulösen Nacken. Über Bauch und Brust ziehen sich lange Narben von Arbeitsunfällen und Operationen. Gliese ist einer von 60 Schlachtern in der Großschlachterei des niederländischen Fleischkonzerns Vion in Emstek im Landkreis Cloppenburg in Westniedersachsen. Anders als der Leiharbeiter Jens Blum, die Minijobberin Iris Engler und die Solo-Selbstständige Margot Fricke, deren Geschichte weiter unten erzählt wird, hat Mario Gliese eine unbefristete, sozialversicherte Vollzeitstelle. Weil diese Form der Beschäftigung früher in Deutschland normal war, wird sie von den Statistikern noch immer so genannt: Normalarbeitsverhältnis.
36 Jahre lang hat Gliese Schweine geschlachtet, die, an den Füßen aufgehängt, an einem Band an ihm vorbeizogen, »immer bei 30 Grad Hitze«, wie er sagt. Sein Gehalt: 2.200 Euro brutto im Monat.
Vor einem halben Jahr wurde Gliese ins Kühlhaus versetzt. Seitdem wuchtet er den ganzen Tag 35 Kilogramm schwere Kisten mit Schweinefleisch auf ein Förderband, bei minus sechs Grad. Die eisige Kälte nach der jahrelangen Hitze mache ihm zu schaffen, sagt Gliese. Er habe überall Schmerzen.
Die Schlachtarbeiter schlafen in hygienisch unzumutbaren Quartieren. Glieses früheren Job am Schlachtband erledigen jetzt sogenannte Werkvertragsarbeiter aus Rumänien. Anders als Gliese sind sie nicht beim Fleischkonzern Vion angestellt, sondern bei einem rumänischen Subunternehmer, der im Auftrag von Vion in der Großschlachterei des Konzerns die Schweine schlachtet. Mehr als die Hälfte der Beschäftigten

im Werk Emstek sind jetzt rumänische Werkvertragsarbeiter. Das ist billiger. Der Vion-Betriebsrat Martin Tiedeken schätzt, dass die rumänischen Schlachter höchstens fünf Euro pro Stunde verdienen. Nicht einmal er weiß es genau.«

Schließlich Margot Fricke:

*»Margot Fricke arbeitet Vollzeit. Jedenfalls, wenn genug zu tun ist. Manchmal arbeitet sie auch gar nicht. Dann hat sie wochenlang keine Einkünfte. Bis wieder ein neuer Auftrag hereinkommt.
Die 50-Jährige hatte noch nie in ihrem Leben eine feste Stelle. Vor Jahren hat sie Foto-Ingenieurwesen studiert und anschließend als freie Mitarbeiterin für Medienunternehmen gearbeitet. Das macht sie immer noch, verändert hat sich nur der Name, den die Verwalter des Arbeitsmarktes für kleine Selbstständige wie sie vorsehen. Früher war Margot Fricke eine Ich-AG, jetzt ist sie eine Solo-Selbstständige.
Margot Fricke wohnt in einer Kleinstadt in Norddeutschland. Ihre Wohnung ist auch ihr Arbeitsplatz. Sie entwickelt E-Learning-Programme für Firmen – Unterrichtsmaterialien, mit denen sich Mitarbeiter auf dem Computer oder übers Internet weiterbilden können.
Zuletzt hat Fricke für ein Busunternehmen ein elektronisches Lernprogramm zum Thema Fahrphysik erstellt. Es soll Busfahrern zeigen, wie sich ihr Fahrverhalten auf die Passagiere auswirkt, zum Beispiel, welche Fliehkräfte entstehen, wenn sie eine Kurve zu schnell nehmen oder wenn sie stark bremsen.
Ihre Aufträge erhält Fricke von einem Multimedia-Unternehmen, das dann die Unterrichtsmaterialien an andere Firmen weiterverkauft. Die Honorare sind gering, das Multimedia-Unternehmen will seine Kosten niedrig halten.
Im Schnitt komme sie auf knapp 1.000 Euro brutto im Monat, sagt die Akademikerin. Einmal verdiente sie in einem ganzen Jahr nur 6.000 Euro. Hin und wieder arbeitet Fricke auf dem Wochenmarkt, verkauft Obst und Gemüse, um ihr Einkommen aufzubessern. Die Förderung der Selbstständigkeit war neben der Erleichterung von Leih- und Teilzeitarbeit ein weiterer wichtiger Bestandteil der Agenda 2010. Existenzgründungszuschüsse sollten Kleinunternehmern zum Erfolg verhelfen. Von unentdeckten Talenten war die Rede, von großen Potenzialen, die es auszuschöpfen gelte. Tatsächlich sind die sogenannten*

Solo-Selbstständigen wesentlich besser qualifiziert als der Durchschnitt der Erwerbstätigen. Ausgebildete Lehrer sind unter ihnen, Dolmetscher, Psychologen, Publizisten, aber auch Techniker, IT-Kräfte, Ingenieure. Solo-Selbstständige arbeiten in der Bildung und in künstlerischen Berufen, als Maler, Schauspieler und Musiker. Man könne von einer »kreativen Klasse« sprechen, sagt der Arbeitsmarktforscher Brenke vom DIW. Gemeinsam ist ihnen, dass sie von ihrem Beruf allein meist nicht leben können.

Margot Fricke war erleichtert, als sie vor zwei Jahren ein kleines Haus erbte. »Es sollte meine Absicherung gegen Altersarmut sein«, sagt sie, die alleinstehend ist und keine Kinder hat. Weil immer wieder das Geld knapp wurde, hat sie das Haus inzwischen verkauft und »schon viel vom Erlös aufgezehrt«.

Da sie im weiteren Sinne kreativ tätig ist, muss Fricke wenigstens wie eine Festangestellte nur die Hälfte der Beiträge zur Krankenversicherung zahlen. Den Rest bezahlt die Künstlersozialkasse. Andere Solo-Selbstständige aber sind gar nicht versichert, ihnen fehlt das Geld. Wenn sie krank werden, gehen sie zu Ärzten wie Detlev Niebuhr.

Der Internist Niebuhr, 69 Jahre alt, hat vor zwei Jahren seine Praxis in der Nähe von Hamburg verkauft. Er hat sich zur Ruhe gesetzt, eigentlich, aber ein bisschen arbeitet er noch weiter. Einmal in der Woche hat er bei der »Malteser Migranten Medizin« eine Sprechstunde, immer donnerstags von 16 bis 20 Uhr. Das Katholische Marienkrankenhaus in Hamburg stellt den Maltesern dafür ein Behandlungszimmer zur Verfügung. Seit einigen Jahren betreibt der Malteser Hilfsdienst zwölf solcher Arztpraxen in ganz Deutschland. Gegründet wurden sie, um Ausländer, die illegal in Deutschland leben, kostenlos ärztlich zu versorgen. Längst kommen in Niebuhrs Sprechstunde auch Deutsche, denen das Geld für eine Krankenversicherung fehlt, von Jahr zu Jahr werden es mehr. Meist sind es Inhaber von Ein-Personen-Unternehmen – Solo-Selbstständige. Und oft haben sie mit dem Gang zum Arzt so lange gewartet, bis die Krankheit chronisch wurde.« 140.000 Deutsche können sich keine Krankenversicherung mehr leisten.«

Nach einer vom Institut Arbeit und Qualifikation der Universität Duisburg-Essen veröffentlichten Studie[9] gilt jemand als arm, wenn das am Bedarf ausgerichtete Pro-Kopf-Einkommen des Haushaltes, in dem er lebt, die Armutsschwelle unterschreitet. Eine Armutsgefährdung liegt vor, wenn das für jedes Haushaltsmitglied verfügbare Haushaltseinkommen nicht ausreicht, um die Güter und Dienstleistungen zu erwerben, die zur Abdeckung des jeweiligen Existenzminimums erforderlich sind. Die Armutsgefährdungsschwelle ist auf 60 Prozent des nationalen medianen verfügbaren Äquivalenzeinkommens festgesetzt. Die Armutsgefährdung der Bevölkerung liegt in Deutschland nach dem Berechnungsverfahren des statistischen Instituts der EU (Eurostat) mit insgesamt 16,1 Prozent knapp unterhalb des EU-Durchschnitts. Demgegenüber hat sich das Armutsrisiko für Arbeitslose besonders dramatisch entwickelt. Während im Jahre 2005 die Quote der Armutsgefährdung von Arbeitslosen (Prozentsatz von der Gesamtzahl der Arbeitslosen) in Deutschland noch bei 40,6 Prozent lag und damit dem EU-Durchschnitt entsprach, schnellte sie bis zum Jahre 2013 auf 69,3 Prozent hoch. Das übersteigt den EU-Durchschnitt von knapp 46 Prozent um gut 23 Prozentpunkte; es ist sogar der mit Abstand höchste Wert in der gesamten EU! Selbst in den von der Wirtschafts- und Finanzkrise stark beeinträchtigten südeuropäischen Ländern liegt die Armutsgefährdung der Erwerbslosen mit jeweils knapp 46 Prozent im Rahmen des EU-Durchschnitts. Die Studie des Instituts Arbeit und Qualifikation der Universität Duisburg-Essen zieht das Fazit, dass die extrem hohe Armutsbetroffenheit von Arbeitslosen in Deutschland vor allem als Folge der Arbeitsmarktreformen der zurückliegenden Jahre interpretiert werden müsse. Die Grundsicherungsleistung (Hartz IV) liegt denn auch nach Eurostat unter dem Existenzminimum und auch die Versicherungsleistung Arbeitslosengeld fällt im EU-Vergleich relativ bescheiden aus.

[☞ Siehe Grafik 3, S. 48]

---

9   http://www.sozialpolitik-aktuell.de/tl_files/sozialpolitik-aktuell/_Politikfelder/Europa-Internationales/Datensammlung/PDF-Dateien/abbX9_Grafik_Monat_11_2014.pdf.

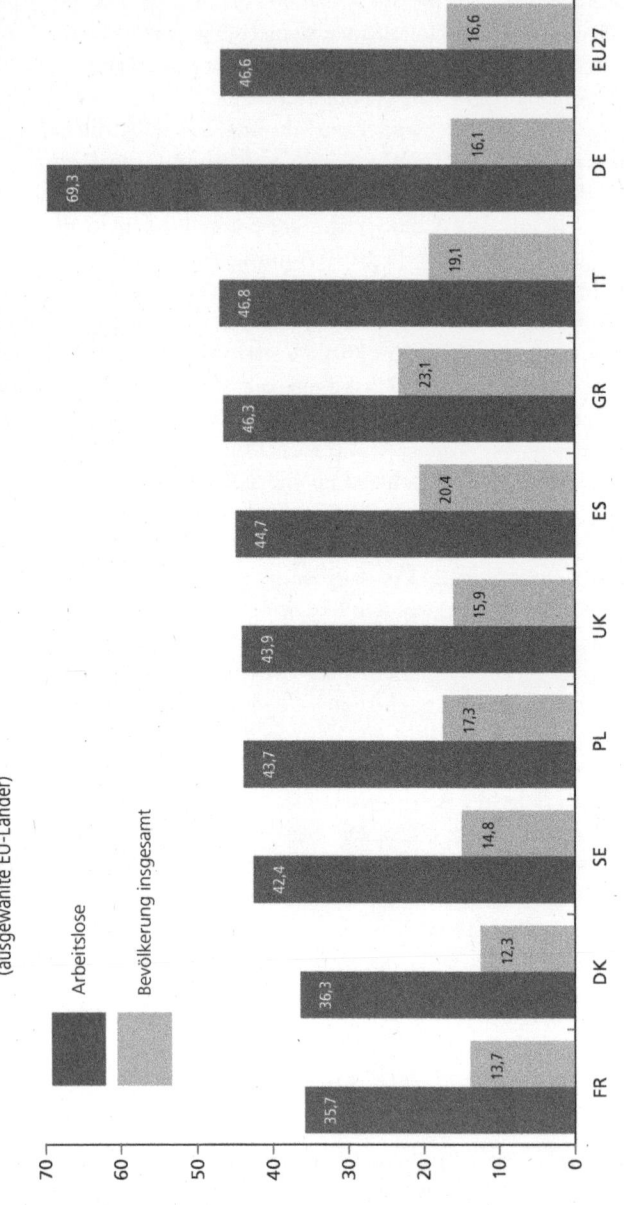

Das also sind Aspekte, die die Erfolgsbilanz der Arbeitsmarktreformen deutlich relativieren. Abgesehen davon gibt es auch Stimmen, die die positive Wirtschafts- und Beschäftigungsentwicklung in Deutschland neben den Effekten der Hartz-Reformen in erklecklichem Maße auch auf die konjunkturelle Dynamik, die zurückhaltende Lohnpolitik und die Restrukturierung der Unternehmen zurückführen. Das meint jedenfalls Michael Hüther, Direktor des arbeitgebernahen Instituts der Deutschen Wirtschaft laut Frankfurter Allgemeine Zeitung vom 8. März 2013.

Ungeachtet relativierender Fakten und Erkenntnisse bleibt dennoch festzuhalten, dass die Verbesserungen am Arbeitsmarkt in nicht unwesentlichen Teilen auf die Vermittlungsleistungen der Bundesagentur für Arbeit zurückzuführen sind. Die besten Vermittlungserfolge werden übrigens, wie bereits ausgeführt, dort erzielt, wo die Vermittlung schon einsetzt, bevor die drohende Arbeitslosigkeit eintritt. Dieses im Saarland entwickelte Erfolgsmodell der Frühvermittlung basiert darauf, dass sich Betriebe aus nachvollziehbaren Gründen mit der Anstellung von Menschen in Beschäftigung deutlich leichter tun als bei der Einstellung von Arbeitslosen. Abgesehen von Betriebsschließungen oder Zusammenbrüchen wegen Konkurs, weiß man nie genau, ob es nicht doch persönliche Gründe waren, die zum Verlust des Arbeitsplatzes führten.

Immerhin hat diese aktivierende Arbeitsvermittlung unstreitig dazu beigetragen, bei der Aufnahme von Erwerbstätigkeit messbare Erfolge zu erzielen. Personen, deren Ausbildungs- oder Arbeitsverhältnis endet, sind deswegen gesetzlich (§ 38 SGB III) verpflichtet, sich drei Monate vor Beendigung – bei kurzfristig drohender Arbeitslosigkeit spätestens drei Tage nach Kenntnis des Beendigungszeitpunkts – arbeitslos zu melden. Vermittlungsaktionen sind in aller Regel dann besonders erfolgreich, wenn die Betroffenen in Bereichen arbeiten, für die eine generelle Nachfrage auf dem Arbeitsmarkt besteht und die Vermittlungskandidaten auf dem neuesten Stand des Fachwissens für ihren Beruf oder ihre Branche sind. Ist Letzteres nicht der Fall, so bietet sich eine gezielte qualifizierte Weiterbildung an, die die Beschäftigungschancen individuell optimiert.

Geht es jedoch um drohenden Arbeitsverlust für Menschen in Geschäftszweigen, deren Marktvolumen im Schwinden begriffen ist oder die gar durch generelle Rationalisierungsprozesse zum Teil oder tendenziell ganz wegfallen, wären Weiterbildungsmaßnahmen in den bisher ausgeübten Jobs sinnlos. Dann empfiehlt sich eine Weiterbildung in möglichst branchennahen zukunftsträchtigen Berufen oder Wirtschaftsbereichen, nicht zuletzt auch um den Weiterbildungsaufwand in Grenzen zu halten. Wenn es erfolgversprechend ist, kommt die Umschulung in einen neuen Beruf infrage. Fällt auch diese Option aus, ist eine Vermittlung aus dem auslaufenden Beschäftigungsverhältnis in einen neuen Job nach derzeitiger Förderpraxis kaum noch möglich. Kann der Abbau und damit der Verlust eines Arbeitsplatzes nicht vermieden werden, so drängt es sich auf, möglichst zeitnah und unverzüglich Weiterbildungsmaßnahmen anzubieten. Dabei sollte man sich tunlichst auf die von den Betroffenen erlernten und praktizierten Berufsfelder konzentrieren, denn Fachwissen auf dem neuesten Stand, gepaart mit Berufserfahrung bietet eine optimale Vermittlungsbasis. In jedem Fall erscheint es auch sinnvoll, gezielte Qualifizierungsmaßnahmen in Branchen mit guten Beschäftigungsaussichten anzubieten. Fehler aus der Vergangenheit, Qualifizierung ohne hinreichende Bedarfsanalyse anzugehen, sollte jedenfalls vermieden werden. Etwa in großem Stil und Umfang Landschaftsgärtner auszubilden, wenn es objektiv nur sehr überschaubaren Bedarf gibt, verbietet sich selbstredend. Das wäre unwirtschaftlich und würde nur unnötige Frustration und Enttäuschung bei den Betroffenen erzeugen. Denn die Beschäftigungsaussichten lassen sich erfahrungsgemäß nach solchen oder vergleichbar aussichtslosen Aus- und Weiterbildungsmaßnahmen kaum verbessern.

Der Bundesagentur für Arbeit und den Jobcentern steht im Rahmen des Sozialgesetzbuchs deshalb ein differenziertes und ausgefeiltes Instrumentarium zu Gebote, das in der Vergangenheit mit unterschiedlichem Erfolg genutzt wurde. So wurden in der Vergangenheit über viele Jahre enorme Summen für Hilfe zur Arbeit und Arbeitsförderungsmaßnahmen zur Berufsqualifizierung Arbeitsloser aufgebracht. Sachliche Kritik an der Effizienz und am Erfolg dieser Qualifizierungsmaßnahmen und somit an der Sinnhaftigkeit dieser Aufwendungen mag gerechtfertigt sein. Lange waren es die Arbeitsbeschaffungsmaßnahmen (ABM), die den Transfer aus der Arbeitslosigkeit in den ersten Arbeitsmarkt bewerkstelligen sollten. Nach nüchterner Bilanzierung hat sich herausgestellt, dass mit den ABM primär in großem Stil eine Linderung der Beschäftigungsnot erreicht werden konnte, der Transfer in den ersten Arbeitsmarkt fiel demgegenüber jedoch recht bescheiden aus.

Die Kritik, die nach einem Bericht der Frankfurter Allgemeinen Zeitung vom 26. Juni 2013 der Bundesrechnungshof an der Vermittlungstätigkeit der Jobcenter geübt hat, bezog sich auf Scheinerfolge bei der Vermittlung von Langzeitarbeitslosen. Die Behörde hat darauf hingewiesen, dass zur Verbesserung der Vermittlungsstatistik große Gruppen Beschäftigungssuchender an Großkunden und Zeitarbeitsunternehmen vermittelt worden seien, die bereits nach kurzer Dauer wieder arbeitslos waren. In einer Reportage des SPIEGEL vom 26. Juni 2013 führen die Autoren Jürgen Dahlkamp, Markus Dettmer und Janko Tietze zu diesem Rechnungshofbericht aus:

»Liebste Arbeitgeber deutscher Job-Vermittler sind Zeitarbeitsfirmen. Von den knapp 510.000 besetzten Stellen im Jahr 2011 entfielen gut 190.000 auf die ›Rein-und-Raus-Branche‹, also mehr als ein Drittel. Zum Vergleich: In der deutschen Wirtschaft sind nur 3 Prozent der Beschäftigen Zeitarbeiter. Einerseits lässt sich nicht bestreiten, dass Firmen bei Kunden von der Agentur vorsichtiger mit einer Festanstellung sind. Zeitarbeit kann also durchaus eine Bewährungschance sein, die in einen festen Job mündet. Andererseits stellt der Prüfbericht für das erste Halbjahr 2011 den 580.000 neu abgeschlossenen Zeitarbeitsverträgen 569.000 ausgelaufene gegenüber. Offenbar geht es beim größten Teil der Arbeitsplätze nicht darum, dass hier einer kleben bleibt, sondern dass er sich besonders leicht wieder ablösen lässt.«

Die SPIEGEL-Autoren denunzieren noch manch anderen statistischen und manipulatorischen Missbrauch. Nach anfänglichem Anstieg ist die Zahl der erwerbsfähigen Arbeitssuchenden seit 2006, als noch 3,875 Millionen Arbeitslose registriert waren, kontinuierlich zurückgegangen auf 2,98 Millionen im Juni 2011, im Dezember 2012 auf 2,84 Millionen und auf 2,87 Millionen Ende 2013. Somit herrscht derzeit am Arbeitsmarkt Stagnation, und es konnten keine weiteren Erfolge beim Abbau der Arbeitslosigkeit erreicht werden.

Die Erfolgsbilanz der Bundesagentur für Arbeit (BA) wird jedoch entscheidend getrübt, weil in einem Bereich trotz gegenteiliger offizieller Bekundungen der BA-Spitze praktisch nichts erreicht wurde. Gemeint ist der hohe Sockelbestand an Langzeitarbeitslosen und Langzeitleistungsbeziehern, die seit mehr als zwei Jahren ohne Unterbrechung Arbeitslosengeld II beziehen und den Ausstieg aus der Langzeitarbeitslosigkeit mit den herkömmlichen Arbeitsmarktmaßnahmen voraussichtlich überhaupt nicht mehr schaffen werden.

In der Statistik der Bundesagentur für Arbeit waren Ende November 2014 immerhin rund 6,03 Millionen Personen in 3,3 Millionen Bedarfsgemeinschaften auf ALG II als Grundsicherungsleistungen nach SGB II ganz oder zumindest teilweise angewiesen. Davon waren 4,32 Millionen erwerbsfähige Leistungsberechtigte, die Arbeitslosengeld II erhalten und für eine Integration in Beschäftigung aktiviert werden können und sollen sowie 1,71 Millionen nicht erwerbsfähige Leistungsberechtigte (Sozialgeld), wovon wiederum 1,63 Millionen Kinder waren.

Grafik 4: Arbeitslose und Langzeitarbeitslose nach Rechtskreisen und Dauer der Arbeitslosigkeit 2013

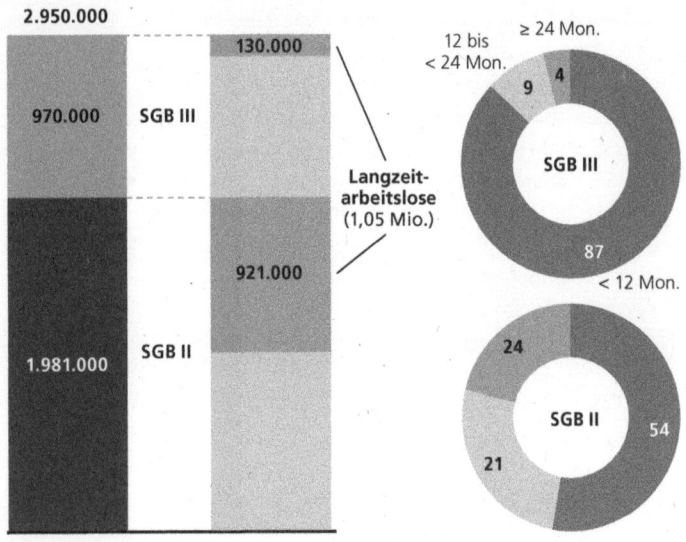

Quelle: Bundesagentur für Arbeit (BA), 2013.

Personen, die länger als 12 Monate arbeitslos waren, gelten in Deutschland als langzeitarbeitslos. Zwischen 2005 und 2011 ist die Zahl der Langzeitarbeitslosen von etwa 1,8 Millionen auf etwa eine Million deutlich zurückgegangen. Seitdem ist die absolute Zahl der Langzeitarbeitslosen jedoch weitgehend unverändert, wie die Grafik verdeutlicht. Es wird einfach nicht besser, im Gegenteil: »Während die Zahl der langzeitarbeitslosen Menschen mit einer Dauer bis unter 24 Monaten

›nur‹ um ein Prozent gestiegen ist, hat die Zahl der Arbeitslosen, die seit 24 Monaten und länger arbeitslos sind, um knapp sechs Prozent zugenommen« (Bundesagentur für Arbeit 2014a, S. 8). Im Oktober 2014 waren 1,054 Millionen Langzeitarbeitslose zu verzeichnen. Und der Anteil der Langzeitarbeitslosen an allen Arbeitslosen ist gegenüber dem Vorjahr leicht auf 38,6 Prozent gestiegen, da sich die Arbeitslosigkeit insgesamt stärker reduzierte (vgl. Bundesagentur für Arbeit 2014c).

Schließlich gehört zum Erwerbslosenpotenzial auch die »Stille Reserve«. Dabei geht es insbesondere um Frauen, die bei entsprechender Aufnahmefähigkeit des Arbeitsmarktes grundsätzlich zur Arbeitsaufnahme bereit wären. Kritisch anzumerken ist schließlich noch, dass Ein-Euro-Jobber mit mehr als 15 Wochenstunden und Teilnehmer an Bürgerarbeit oder an Weiterbildungsmaßnahmen ebenso wenig wie Kranke oder Ausbildungsplatzsuchende in der Arbeitslosenstatistik berücksichtigt werden.

Bedenkt man, dass mehr als eine halbe Million Menschen auf Hartz IV angewiesen ist, und die Aufnahme einer Beschäftigung bei ihnen nicht zur Beendigung des Leistungsbezugs aus der Grundsicherung von ALG II führt, so wird der wahre Umfang der Unterbeschäftigung deutlich. Wenn man nicht von seinem Arbeitslohn leben kann und auf ergänzenden Leistungsbezug angewiesen ist (»Ergänzer« oder »Aufstocker«), so befriedigt das wenig. Wenn man sich also darüber im Klaren ist, dass so manche kurzzeitliche Vermittlung keinerlei Aussicht auf feste und dauerhafte Verankerung im regulären (ersten) Arbeitsmarkt bietet und wie viele Menschen mit Löhnen und Gehältern zufrieden sein müssen, die alles andere als auskömmlich sind, dann wird das ganze Ausmaß der sozialen Misere in unserem Land deutlich. Der Hinweis, Beschäftigung als solche sei unabhängig von der Bezahlung immer ein hohes Gut, mag richtig sein. Aber es ist nicht von der Hand zu weisen, dass Arbeitgeber die für sie einträgliche Chance nutzen und niedrig bezahlte Arbeitskräfte einstellen.

Das mag marktwirtschaftlich und aus der Sicht eines gewinnorientierten Betriebes einleuchtend sein, aber in einem wohlhabenden Land wie der Bundesrepublik Deutschland sollten auskömmliche Arbeitsentgelte oberhalb der Armutsschwelle auf der Basis von Mindestlöhnen möglich sein. Das neue Gesetz zur Einführung von Mindestlöhnen wird hier hoffentlich wirksame Abhilfe schaffen. Heinrich Alt, seit 2002 Mitglied im Vorstand der Bundesagentur für Arbeit – zuständig für den Geschäftsbereich SGB II-B (Grundsicherung, Hartz IV) und ein erfahrener, innovativer und profunder Kenner der deutschen Arbeitsmarktpolitik – hat es im Interview mit Dieter Gräbner auf den Punkt gebracht: »Der Mindestlohn wäre (…) interessant. Die (Betroffenen) hätten das Gefühl, das sie menschenwürdig entlohnt werden, sie tun was Vernünftiges und bekommen dafür vernünftiges Geld.«

Deutschland sich hat damit dem Kreis der meisten Länder Europas angeschlossen, die mit Mindestlöhnen offenkundig keine Probleme haben. Man sollte denn auch nicht verkennen, dass es volkswirtschaftlich höchst sinnvoll sein kann und den allgemeinen Wohlstand fördert, wenn die Nachfrage langfristig gestärkt wird.

9 Das Fazit

Nach rund zehn Jahren Erfahrungen mit den Hartz-IV-Reformen bleibt festzustellen, dass die Erfolge der Arbeitsmarktgesetze der Regierung Schröder durchwachsen sind. Wirksam und sinnvoll ist es zweifelsohne, dass Menschen, die arbeitslos werden, rascher und erfolgreicher vermittelt werden als früher. Das ist im Kern der entscheidende Impuls des von Peter Hartz angestoßenen großen Reformpakets und letztlich auch sein Verdienst. Als der ehemalige Spitzenmanager der Volkswagen AG den Dienst quittierte und seinen politischen Einfluss verlor, waren die Details der Reformen noch nicht ausformuliert. So manches, was dann in die Praxis umgesetzt wurde, konnte er also nicht mehr beeinflussen. Es muss ihn schmerzen, dass vor allem die als negativ empfundenen Folgen der arbeitsmarktpolitischen Veränderungen mit seiner Person untrennbar verbunden werden. Denn es war eines seiner wichtigsten Anliegen, die Misere der Langzeitarbeitslosen zu beenden. Auf dieser Baustelle hat sich in Wahrheit sehr wenig getan.[10]

Die absolute Höhe der in der Statistik als Leistungsempfänger registrierten Menschen, die von ALG-II-Geld leben, lag Ende November 2014 bei 6,03 Millionen Menschen. 4,3 Millionen sind Erwerbsfähige, die dem Arbeitsmarkt generell zur Verfügung stehen, weil sie mindestens

---

10 Dass auch Peter Hartz das so sieht, zeigt sein Projekt Minipreneure, das auf Seite 133 ff. beschrieben wird.

noch drei Stunden am Tag arbeiten könnten, oder bei denen man damit rechnet, dass sie in den kommenden sechs Monaten wieder arbeitsfähig werden. Die verbleibenden 1,7 Millionen sind nicht erwerbsfähig und leben in Bedarfsgemeinschaften mit erwerbsfähigen Hilfebedürftigen, die Leistungen nach dem SGB II erhalten. Von den 4,3 Millionen erwerbsfähigen Hilfebedürftigen sind 1,9 Millionen arbeitslos und 2,4 Millionen gelten als nicht arbeitslos. Darunter:

- 644.000 in Jobs, deren Einkommen nicht existenzsichernd ist; sie erhalten deswegen als sogenannte »Ergänzer« ALG I, ebenso wie die restlichen Mitglieder der Bedarfsgemeinschaften im erwerbsfähigen Alter. Kinder erhalten Sozialgeld. Hinzu kommen noch die Leistungen für Unterkunft und Heizung.
- 513.000 in »arbeitspolitischen Maßnahmen« (beruflicher Aus- oder Weiterbildung).
- 299.000, die zur Schule gehen, in ungeförderter Ausbildung oder im Studium sind.
- 299.000 Menschen, die Hartz IV bekommen, ihre Angehörigen pflegen oder sich um ihre Kinder unter drei Jahren kümmern.
- 247.000 Leistungsbezieher, die als erkrankt gemeldet sind, aber voraussichtlich binnen sechs Monaten wieder gesund werden.
- Rund 250.000 Hilfebedürftige, die älter als 58 Jahre sind und mindestens ein Jahr lang kein Arbeitsangebot bekommen haben.

Die Verbesserung der gesamtwirtschaftlichen Rahmenbedingungen und die respektablen Vermittlungserfolge der Bundesagentur für Arbeit und der Jobcenter vor Ort haben zu einer erfreulichen Senkung der Arbeitslosigkeit geführt. In der schweren Wirtschafts- und Finanzkrise der Jahre 2008 bis 2010 haben aber auch diese konventionellen Instrumente versagt, und die Große Koalition konnte eine massive Verschärfung der Lage am Arbeitsmarkt nur abwenden, weil sie im Jahre 2009 mit einem klugen Schachzug die Kurzarbeitsregelung *massiv* ausweitete, und damit verhinderte, dass Tausende von Arbeitsplätzen wegfielen und eine Vielzahl von Beschäftigten arbeitslos wurden. Das Experiment ist nur deshalb geglückt, weil die Rezession relativ rasch in einen steilen Konjunkturaufschwung mündete.

Ein Teil des positiven Beschäftigungseffekts der Reformen der rot-grünen Regierung war auch die generelle Öffnung des Arbeitsmarkts für Leiharbeit. Überdies kam es auch dank erstaunlich rascher konjunktureller Erholung der Wirtschaft zu einer erfreulichen

Arbeitsmarktbelebung mit stabilem Wachstum im Jahre 2010, die auch im Folgejahr noch anhielt und sich erst in den Jahren 2012 bis 2014 wieder abschwächte.

Zur Bewältigung der Arbeitsmarktprobleme kommt es entscheidend darauf an, in welchem Maße Wirtschaft und Verwaltung Arbeitsplätze zur Verfügung stellen können. Der Wohlstand eines Volkes wird am besten durch Vollbeschäftigung erreicht und gesichert. Arbeitslosigkeit ist systemimmanent in einer Markwirtschaft und normalerweise als kurzzeitige Friktion zwischen Angebot und Nachfrage nach Arbeitskräften kein gravierendes Problem. Sie wird jedoch zum Problem und komplementär zur negativen Seite der Volkswirtschaft, wenn sie für einzelne, ausgemusterte Beschäftigungsgruppen zum alimentierenden Dauerzustand wird.

10 Langzeitarbeitslosigkeit als Schicksal?

Aber was passiert mit denen, die mangels Schulbildung und beruflicher Qualifikation nicht in das gängige Muster unserer leistungsorientierten und auf straffe Effizienz ausgerichteten Gesellschaft hineinpassen?

Die Arbeitsvorgaben aus Nürnberg mit der Stoßrichtung auf schnelle und kostengünstige Vermittlung können bei der Großzahl der Langzeitarbeitslosen nicht funktionieren. Sie fallen weitestgehend durch das Raster des auf Performance ausgelegten Dienstleistungsbetriebs der Bundesagentur. Für deren Betreuung und die notwendigen Eingliederungshilfen sind die allermeisten Arbeitsvermittler in den Jobcentern weder hinreichend ausgebildet noch steht ihnen das notwendige Zeitbudget oder das erforderliche Instrumentarium zur Verfügung. Und nicht zu vergessen auch die permanenten Effizienzanmahnungen durch Controlling, Evaluation und Kontrolle vonseiten der allmächtigen Zentrale der Arbeitsagentur in Nürnberg. Da wundert es nicht, dass viele Langzeitarbeitslose auf der Strecke bleiben, während die Karawane der Kurzzeitarbeitslosen mit gutem Bewerberprofil in die Beschäftigungsoasen weiterzieht und die Gesamtarbeitslosigkeit absenkt.

Ist die Lage tatsächlich also aussichtslos? Bleibt der enorm hohen Zahl von hilfebedürftigen Leistungsempfängern in Hartz IV nur die

Resignation und der Dauerverbleib in den sozialen Grundsicherungssystemen? Der Sozialstaat könne, um den sogenannten sozialen Frieden zu wahren, diese finanziellen Belastungen tragen.

Die Arbeitsvermittler verweisen nicht ohne Grund auf eine Vielzahl von Arbeitsmarktmaßnahmen und Projekten. Hat halt alles nichts genutzt! Müssen also die Langzeitarbeitslosen als alimentierte »proles« wie im alten Rom zurückbleiben, wenn die Karawane der Leistungselite weiterzieht? Sind diese Benachteiligten und am Weg zurückgelassenen Menschen sozusagen ein »Kollateralschaden« der Marktwirtschaft, die das Etikett »sozial« schon lange nicht mehr verdient hat?

Diese Hinweise können nicht in Bausch und Bogen verworfen werden. Und man muss auch berücksichtigen, dass zahlreiche ALG-II-Bezieher massive Gesundheitsprobleme haben, die eine normale Erwerbsarbeit fast gänzlich unmöglich machen. Aber dessen ungeachtet gibt es eine gewaltige Zahl von prinzipiell Arbeitsfähigen, die im Abseits bleiben. Soll man sich damit resignierend abfinden?

Gelegentlich wird die Problematik in den Medien aufgegriffen. In den Talkshows präsentiert man schon mal einen ALG-II-Bezieher, der sich renitent und beharrlich weigert, Arbeit anzunehmen und schlicht darauf hinweist, er habe keine Lust zu arbeiten, die ALG-II-Bezüge genügten ihm. Nach dem Prinzip *Pars pro Toto* wird das Vorurteil gepflegt, ein Großteil der ALG-II-Betroffenen sei arbeitsscheu, faul und unmotiviert und darauf aus, den Sozialstaat abzuzocken. In manchen Presseberichten, wie etwa in der ZEIT (2010, Dossier in Nr. 47, S. 21-23) oder in Fernsehbeiträgen, wird geschildert, wie viel Mühe sich die Arbeitsvermittler mit unzuverlässigen oder demotivierten Arbeitslosen machen, um sie in den regulären Arbeitsmarkt zu integrieren – häufig ohne Erfolg. Gewiss eine frustrierende Erfahrung für beide Seiten.

11 Die Arbeit zu verlieren, ist eine persönliche Niederlage – Langzeitarbeitslosigkeit ist ein himmelschreiender Skandal

Was bedeutet es, welche Auswirkungen hat es und wie fühlt sich das an, wenn jemand entlassen wird und seinen Arbeitsplatz verliert?[11] Das ist erst einmal ein Schlag ins Kontor. Du wirst nicht mehr gebraucht! Da spielt es keine Rolle mehr, Tag für Tag über Jahre hinweg pünktlich zur Arbeit gekommen zu sein. Wenn es dem Betrieb schlecht geht und Personalkosten gespart werden müssen, um im Wettbewerb bestehen zu können, kommen auch häufig die Tüchtigen und Motivierten unter die Räder. Bei Entlassungen müssen zwar die Dauer der Betriebszugehörigkeit und soziale Lage der Mitarbeiter berücksichtigt werden. Die Zahl der betriebsbedingt Freigesetzten, wie man Entlassene schönfärberisch nennt, richtet sich jedoch nach den betrieblichen Bedürfnissen und trifft vielfach auch Menschen, die sich nie etwas herausgenommen haben. Sie können vielleicht die Gründe der betrieblichen Schrumpfung nachvollziehen, aber sie sind erst mal ihren Job los und empfinden das als ungerecht. Warum muss es gerade mich treffen?

Sicher kommt es auch vor, dass eine Kündigung wegen individuellen Fehlverhaltens erfolgt oder weil die Fähigkeiten und Qualifikationen nicht mehr den gestiegenen Anforderungen genügen. Die Kündigung wird in solchen Fällen in aller Regel als selbst verschuldet bewertet, sozusagen als notwendige Quittung wie eine schlechte Note für mangelhafte Leistungen. Hochmut kommt vor dem Fall, sagt der Volksmund.

Sicher gibt es auch Arbeitnehmer, die ihren Betrieb aus eigenem Antrieb verlassen, weil ihnen das Arbeitsumfeld oder das Betriebsklima nicht mehr passen oder weil sie nicht so vorankommen, wie sie sich das vorstellen. Wenn man nicht gleich einen neuen Arbeitsplatz hat,

---

11 Vgl. dazu die grundlegende Studie von Marie Jahoda/Paul F. Lazarsfeld/ Hans Zeisel: Die Arbeitslosen von Marienthal. Ein soziographischer Versuch über die Wirkung langdauernder Arbeitslosigkeit, Leipzig 1933, NA Frankfurt am Main 1975.

mag der Verlust der Arbeit zwar leichter verkraftet werden, weil man ein Ärgernis los ist.

Wer jedoch – aus welchen Gründen auch immer – seinen angestammten Platz, das täglich gewohnte Umfeld für immer verlassen muss, erlebt das zunächst als Schock, als persönliche Niederlage, die schwer zu verkraften ist. Man wird sozusagen des Ortes verwiesen, an den man sich gewöhnt hatte, wo man die Arbeitskollegen traf, mit denen man im Team war und mit denen man sich austauschen, Freuden und auch schon mal Sorgen teilen konnte. Und jetzt ist die Tür zu. Du gehörst nicht mehr dazu, bist aussortiert, das ist wie eine Amputation. Was soll man den Familienangehörigen sagen, was den Freunden und Bekannten? Verlegenheit und Scham nagen schnell am Selbstwertgefühl. Warum hat es ausgerechnet mich getroffen? Ein Fall aus der Praxis:

Anne Klein (Name geändert) absolvierte nach der Hauptschule eine Lehre als Verkäuferin, arbeitete dann einige Zeit in ihrem Wunschberuf, bevor sie bei der Drogerie-Kette Schlecker im Verkauf anfing und 1991 als Filialleiterin zu einer der größten Lebensmittel-Verbrauchermarktketten wechselte. Sie leitete erfolgreich die Filiale, war angesehen, ihre Vorgesetzten und Mitarbeiter schätzten sie. Anne arbeitete viel, in manchen Wochen 70 Stunden. »Das war hart, aber ich wusste ja wofür.« Sie verdiente gut, 4.000 Euro im Monat. Doch an einem Samstag, als die meisten Kunden schon auf dem Heimweg waren und sie die Wochenendeinkäufe für die eigene Familie im Wert von 80 Euro zu Kasse brachte, veränderte sich ihr Leben innerhalb von wenigen Stunden. Eine sogenannte »Spätkontrolle« ergab, dass ein Stück Käse im Wert von 2,31 Euro nicht auf ihrem Kassenzettel stand, aber im Einkaufswagen lag. Wie das? »Es gibt eigentlich nur eine Möglichkeit: Jemand muss ihn nachträglich in den Einkaufswagen gelegt haben. Ich konnte und kann mir das bis heute nicht erklären«, sagt sie. Man warf ihr vor, das sei ein »unbewusster Diebstahl« gewesen. Ihr wurde fristlos gekündigt. Sie sagt wütend: »Ich habe nicht geklaut. Die haben mich entsorgt.« Und sie erzählt, dass später, als sie bereits durch einen Anwalt Einspruch gegen die fristlose Kündigung und die Ladendiebstahl-Anschuldigung erhoben hatte, von einer Kollegin erfuhr: »Da war einer von der Konzernleitung da, und der hat gesagt, die und die werden wir entlassen. Zu alt und passen nicht mehr zu uns.« Offenbar gehörte Anne Klein dazu. Das Arbeitsgericht wandelte die fristlose Kündigung in eine fristgemäße Kündigung um. Von Diebstahl ist in dem Urteil nicht mehr die Rede. Aber den Arbeitsplatz war sie los. »Die haben mich entsorgt«, sagt sie zornig.

12 Psychische und soziale Folgen

Als gesellschaftliches Leitbild von Arbeit gilt gemeinhin das »erfolgsorientierte, um Selbstverwirklichung bemühte Wirken eines dynamischen Individuums.«[12] Der Verlust von Arbeit wird deswegen in aller Regel als eine gravierend negative Erfahrung erlebt, die sich sehr vielfältig auf das subjektive Wohlbefinden auswirkt. Erwerbslosigkeit, vor allem, wenn sie nicht nur von kurzer Dauer ist, führt in eine prekäre Situation, auf die uns niemand vorbereitet[13] und die zu erleben eine harte Prüfung werden kann.

Es ist zweifelsohne Fakt und nahezu unbestrittene Erkenntnis, dass das Selbstwertgefühl eines Menschen empfindlich getroffen wird, wenn ihm der geregelte Ablauf seines normalen Arbeitstages mit den gewohnten Sozialkontakten vorenthalten wird. Sehr hart trifft es einen, wenn man die Arbeit geschätzt und geliebt hat, die nun verloren ist. Aber selbst wenn die Arbeit schwer war und wenn einem der Job wenig zugesagt hat, geht die ungewollte Trennung vom Arbeitsplatz an niemandem spurlos vorbei, gleichgültig, ob verschuldet oder nicht.

Mancher mag es zunächst als entspannend und erholsam empfinden, wenn man nicht mehr der täglichen Pflicht folgen, nicht mehr diszipliniert das Arbeitspensum schaffen muss. Viele haben jedoch recht bald das Gefühl, in ein dunkles Loch gefallen zu sein. Wenn man die Arbeitskollegen nicht mehr regelmäßig trifft, nicht mehr zur Betriebsgemeinschaft gehört, geht doch ein Stück normales Leben verloren.

Gleichgültig, ob man der beruflichen Arbeit mit Lust und Freude und erfolgreich nachgeht oder ob die Arbeit schwer oder vielleicht auch wenig attraktiv ist: Wer arbeitet, fühlt sich als nützliches Glied

---

12 André Büssing: Arbeitslosigkeit – Differentielle Folgen aus psychologischer Sicht, in: Arbeit, Heft 1, Jg. 2 (1993), S. 7.

13 Astrid Ruckstuhl: Ursachen und Folgen von Langzeitarbeitslosigkeit, in: Sociology in Switzerland: Sociology of Work and Organization. Online Publikationen, Zürich 2000. http://socio.ch/arbeit/t_a.ruckstuhl.htm.

der Gesellschaft und genießt die Genugtuung, durch sein tätiges Wirken den eigenen Lebensunterhalt und gegebenenfalls auch den seiner Angehörigen bestreiten zu können. Arbeit zu haben und Geld zu verdienen, trägt auch entscheidend zur sozialen Anerkennung sowohl im privaten familiären Bereich als auch im sozialen Umfeld bei Nachbarn, Bekannten und Freunden bei. Nach einer anfänglichen Phase des Schocks sucht der Betroffene noch zuversichtlich nach einem neuen Arbeitsplatz. Wenn dann jedoch einige Bewerbungen ohne Resonanz und ohne Erfolg bleiben und man nicht einmal in die nähere Auswahl bei einer Jobvergabe gekommen ist, bleibt es nicht aus, dass das Selbstbewusstsein mehr oder weniger stark angeknackst wird.[14] Was tun?, fragte sich Anne Klein, nachdem sie mit gerichtlicher Sanktion entlassen war. Ihr blieben zunächst noch vier Monate Gehaltszahlung als Abfindung. Sie bewarb sich »hier und da«, schickte insgesamt über 60 Bewerbungen los. Doch nichts klappte. Warum? Schwer zu sagen: »Vielleicht weil ich als Filialleiterin oder Verkäuferin und Kassiererin in einem Supermarkt schon zu alt war mit 40 Jahren, und als Angestellte im Büro, das ging auch nicht. Da war ich zu lange ohne Anstellung gewesen.« Sie absolvierte viele Fortbildungsmaßnahmen des Arbeitsamtes, erwarb das Zeugnis »Kaufmännische EDV-Sachbearbeiterin.« Das nutzte alles nichts. Sie, ihr Mann, der inzwischen arbeitsunfähig war, und ihre beiden heranwachsenden, in Ausbildung befindlichen Kinder lebten von den Hartz-IV-Zahlungen und der Rente ihres Ehemannes, insgesamt rund 900 Euro im Monat. Die finanzielle Situation wurde immer angespannter. Die Familie hatte sich ein Eigenheim gekauft. Die monatlichen Hypothekenraten drückten. Die Familie musste zuletzt notgedrungen Privatinsolvenz anmelden.

Peter Langen (Name geändert) besuchte eine Höhere Handelsschule und absolvierte dann in einer Versicherungsagentur eine kaufmännische Lehre, die er 1988 mit der Kaufmannsgehilfenprüfung abschloss. Er wurde als Angestellter übernommen, arbeitete dann von 1998 an in der Erfassungsabteilung der Agentur. Die Aufgabe war, die neu abgeschlossenen Verträge im Computer zu erfassen und zu bearbeiten. »Wir waren fünf Kollegen in der Abteilung. Die Krise der Agentur begann 2004. Immer weniger neue Verträge wurden abgeschlossen. Die Abteilung

---

14 Richard Harrison in Ali Wacker (Hg.): Vom Schock zum Fatalismus, Frankfurt am Main/New York 1978, S. 46 ff.

wurde aus wirtschaftlichen Gründen, wie es hieß, geschlossen. Ich war der Letzte von den Fünf, die entlassen wurden. Nun ging ich auf Arbeitssuche.« Ein arbeitsloser Versicherungskaufmann, 37 Jahre alt, Single, mit guten Computerkenntnissen und ordentlichen Zeugnissen, der nicht ortsgebunden ist, müsste doch eigentlich schnell zu vermitteln sein. Es kam anders. Er schrieb 400 Bewerbungen, bewarb sich um jede Form von Bürojob. Erfolglos. »Warum erfolglos?« Er sagt: »Ich bin nicht der Typ für den Außendienst. Ich kann mich auch nicht selbst verkaufen.« »Und die ARGE, konnte der Arbeitsvermittler oder Fallmanager da nichts für sie tun?« »Die Arge hat nichts für mich getan. Die hat mich verwaltet. Ich hatte fünf verschiedene Sachbearbeiter.«

Die beiden Beispiele zeigen: Die finanzielle Lage verschlechtert sich zunehmend, wenn man arbeitslos geworden ist. Solange noch die Arbeitslosenunterstützung (ALG I) fließt – das sind 60 Prozent, wenn Kinder im Haushalt leben 67 Prozent des letzten Nettoeinkommens –, hält sich der wirtschaftliche Abstieg noch in Grenzen. Aber je nach Dauer der vorherigen sozialversicherungspflichtigen Beschäftigung rutscht der Arbeitslose nach Ablauf von sechs bis zwölf Monaten dann in den Kreis der ALG-II-Berechtigten, in die Grundsicherung ab.

Wer mehr als 40 oder gar 50 Jahre alt ist, tut sich, wie zum Beispiel Anne Klein, erfahrungsgemäß schwer, wieder in Arbeit und Brot zu kommen. Und nicht gerade selten kommt es vor, dass die bisher ausgeübte Beschäftigung auch in anderen Betrieben nicht mehr gefragt ist. Der Fortschritt bringt es eben mit sich, dass Maschinen die Arbeit von Menschen übernehmen. Die Automatisierung bringt viele Kostenvorteile, vernichtet aber auch Jobs – schafft andererseits neue Jobs mit allerdings anderen und vielleicht auch höheren Qualifikationsanforderungen.

Auch können die Anforderungen an einen Arbeitsplatz wegen geänderter technischer Bedingungen steigen. Man muss sich dann der bitteren Erkenntnis stellen, dass die Kenntnisse und Fähigkeiten des erlernten und angestammten Berufs nicht mehr ausreichen, um den gestiegenen Anforderungen gerecht zu werden. Sie reichen nicht mehr aus, um problemlos vermittelt zu werden. Wenn es hart kommt, sind sie gar völlig unnütz.

Nachhaltigen Misserfolgen bei der Suche nach einem neuen Arbeitsplatz folgt meistens eine Phase des Pessimismus und der Hoffnungslosigkeit. Da wächst die Neigung, den Mut zu verlieren, zu resignieren oder gar ganz aufzugeben. Die allgemeinen Wertvorstellungen geraten dann leicht ins Wanken, denn sie sind auf ein anderes, eben auf das »normale« bürgerliche Leben der Erwerbstätigkeit ausgerichtet. Arbeitslose fühlen sich unfreiwillig ausgegrenzt. Zwar gibt es unstreitig auch Menschen, die ein Recht auf Faulheit reklamieren und sich mit der von der Arbeitslosenversicherung oder aus öffentlichen Mitteln gezahlten »Stütze« einrichten und dabei vielleicht sogar wohlfühlen. Nach so manch lieb gewonnenem Vorurteil kann sich der (Langzeit-)Arbeitslose dem Müßiggang hingeben und es sich dann in der sozialen Hängematte bequem machen auf Kosten des Steuer- und Beitragszahlers.

Aber diese quasi erzwungene Freiheit und Freizeit wird erfahrungsgemäß von den wenigsten Menschen als angenehm und befriedigend oder gar als wohlverdientes Ausleben des Rechts auf Faulheit empfunden. Mit der Arbeit geht die Sinnproduktion verloren.[15] Nicht gebraucht zu werden, nicht mehr nützliches Glied der Gesellschaft zu sein, das wird – ganz im Gegenteil – als Diskriminierung und Stigmatisierung erlebt. Die allermeisten empfinden es als unangenehm und schmerzhaft, wenn sie die Arbeit verlieren. Der Verlust eines geregelten Arbeitslebens beeinträchtigt nicht nur das Wohlbefinden und die Zufriedenheit, sondern vermittelt das Gefühl, nicht gebraucht zu werden, nutzlos zu sein.[16] Erste Studien in den dreißiger Jahren haben schon gezeigt, dass länger anhaltende Arbeitslosigkeit überwiegend als destruktiv erlebt wird.[17] Lethargie, Hilflosigkeit und Niedergeschlagenheit sowie der zunehmende Verlust sozialer Kontakte sind typische Folgen, Freundschaften zerbrechen, gesundheitliche Beeinträchtigungen bis hin zu Suchtproblemen münden in Hoffnungslosigkeit und Verzweiflung. In einer ausführlichen Untersuchung aus jüngster Zeit geht das Institut für Arbeitsmarktforschung auf die Zusammenhänge von Arbeitslosigkeit und psychischer Erkrankung ein.[18]

---

15 Markus Promberger: Arbeit, Arbeitslosigkeit und soziale Integration, in: Aus Politik und Zeitgeschichte (APuZ), Heft 40-41, Bundeszentrale für Politische Bildung, 29. 9.2008, S. 12.

16 Astrid Ruckstuhl: Ursachen und Folgen von Langzeitarbeitslosigkeit, in: Sociology in Switzerland: Sociology of Work and Organization. Online Publikationen, Zürich 2000. http://socio.ch/arbeit/t_a.ruckstuhl.htm.

17 Grundlegend ist Ali Wacker (Hg.): Vom Schock zum Fatalismus, Frankfurt am Main/New York 1978.

18 IAB-Forschungsbericht 12/2013, insb. S. 24 ff.

André Büssing, Inhaber des Lehrstuhls für Psychologie an der Technischen Universität München, stellte bei seinen Forschungen fest, dass »eine negative Berufskarriere« enorme Einschnitte für die Lebensqualität, die Selbstverwirklichung und das Selbstwertgefühl mit sich bringt.[19]

Wer den Absprung in eine neue Beschäftigung nicht schafft, muss sich auf mittlere und längere Sicht, am Ende gar dauerhaft mit dem Mindestbedarf der ALG-II-Sätze begnügen. Das trifft nach den Hartz-Reformen besonders hart die Mehrzahl der neuen Arbeitslosen, je nach Dauer ihrer sozialversicherungspflichtigen Beschäftigung, und die meisten spätestens nach zwölf Monaten. Nach allgemeiner Wahrnehmung rutschen sie dann, wenn kein Vermögen vorhanden ist, unweigerlich unter die Armutsgrenze ab. Denn als arm gilt, wer »weniger als 60 Prozent des Durchschnittseinkommens« zur Verfügung hat.

Unterhalb dieser Schwelle ist eine Lebensführung, die als gesellschaftlich akzeptabel gilt, kaum noch möglich.[20] Auch wenn die Betroffenen zusätzliche Geldleistungen für angemessene Wohnung und Heizung erhalten, muss man sich auf das Nötigste beschränken. Immerhin bleiben sie mit ihren Familien weiterhin in das allgemeine Bildungssystem und in die Gesundheitsversorgung einbezogen.

Dieter Gräber sprach mit Inge Magar (Name geändert), 24 Jahre alt, alleinerziehende Mutter. »Meine beiden Jungens sind vier und sechs Jahre alt, sie gehen in den Kindergarten. Der Ältere wird in diesem Jahr eingeschult.« Eine Berufsausbildung hat sie nicht absolviert. Sie hat als Floristin und Verkäuferin gearbeitet: »Aber das waren alles nur Aushilfs- und Gelegenheitsjobs.« In der Beziehung zum Vater der beiden Kinder gab es Streit. Sie zog aus, wohnt jetzt mit den Kindern in einer kleinen Gemeinde an der deutsch-französischen Grenze in einer 90 Quadratmeter großen Wohnung: »Der Kindesvater zahlt mal Unterhalt, mal nicht, aber meistens nicht. Und wenn, dann auch nicht

---

19 André Büssing: Arbeitslosigkeit – Differentielle Folgen aus psychologischer Sicht, in: Arbeit, Heft 1, Jg. 2 (1993), S. 7.

20 Dietrich Engels: Armut, soziale Ausgrenzung und Teilhabe an Politik und Gesellschaft, Institut für Sozialforschung und Gesellschaftspolitik, Köln, ISG Working Paper Series Nr. 1, März 2007, S. 3 f., http://www.isg-institut.de/papers/ISG_working_paper1.

mehr als 100 Euro für beide Kinder im Monat. Er ist Gelegenheitsarbeiter in Frankreich.«

»Wie kommen Sie finanziell zurecht?«

»Es geht«, sagt sie, und rechnet vor: »Ich bekomme 441 Euro Hartz IV. Hinzu kommen 368 Euro Kindergeld. Davon gehen allerdings 100 Euro monatlich pro Kind für den Kindergarten ab. Also bleiben 609 Euro im Monat. Und mit den 80 Euro, die ich hier bekomme (Ein-Euro-Job als Qualifizierungsmaßnahme, Anmerkung der Verf.), komme ich zurecht. Die Miete und die Nebenkosten zahlt Hartz IV direkt.« »Sie kommen mit 609 Euro klar? 609 Euro für alles? Für Lebensmittel, Kleidung für die Kinder und so weiter?« Sie nickt: »Es ist schwer, aber es geht.«

»Sie müssen einkaufen für den täglichen Bedarf, haben Unkosten, Telefon, Fahrgeld. Die Kinder brauchen Schuhe. Sie wollen auch Spielzeug. Und Sie müssen sich doch auch mal was zum Anziehen kaufen.« Sie sagt: »Das ist manchmal nicht leicht. Die Kinder werden sozial eingestuft, ob man will oder nicht. Und ich möchte nicht, dass sie als Hartz-IV-Kinder abgestempelt werden, obwohl die meisten Eltern da drüberstehen und die Kinder und mich akzeptieren. Aber es gibt ja auch andere ...« Nach einer kurzen Pause sagt sie: »Ich habe ja das Glück, dass der Jüngere die Klamotten des Älteren anziehen kann. Und was mich betrifft. Ich habe mich zwar mit meinem Ex-Lebensgefährten auseinander gelebt. Aber meine Schwägerin steht zu mir. Die kann sich Edelklamotten leisten. Die hat eine ähnliche Figur wie ich. Und oft gibt sie mir Kleider, die sie nicht mehr trägt.

Man sieht, da geht es nicht gerade üppig zu.

Urlaub und Ferienreisen sind für Hartz-IV-Empfänger praktisch undenkbar. Sie müssen mit begrenzten Mitteln auskommen und sind zudem verpflichtet, sich die Abwesenheit vor Reiseantritt genehmigen lassen. Sie müssen der Arbeitsagentur/dem Jobcenter durchgehend für Vermittlungsaktivitäten zur Verfügung stehen.

Lediglich die Älteren ab 50 Jahre, die in den fünf Jahren vor Beginn der Arbeitslosigkeit mindestens 30 Monate sozialversicherungspflichtig gearbeitet haben, können ALG I 15 Monate lang (ab 55 Jahren 18 Monate lang und ab einem Alter von 58 Jahren 24 Monate lang) in Anspruch nehmen. Das war nach der Reform zunächst nicht so und ist erst nach heftigen und anhaltenden Protesten durchgesetzt worden. Mit guten Gründen, denn es sprach jeglichem Gerechtigkeitsgefühl

Hohn, Menschen, die über Jahrzehnte in die Arbeitslosenversicherung eingezahlt haben, schon nach einem Jahr schnöde abstürzen zu lassen. Zumal gerade ältere Arbeitslose nur schwer wieder einen Arbeitsplatz finden. Man konnte sich nicht dauerhaft der Erkenntnis verschließen, dass dieser allzu scharfe Einschnitt einer kalten Enteignung gleichkam. Man darf deswegen diese Nachbesserung getrost als eine angemessene und sinnvolle, ja notwendige Korrektur der Schröder'schen Reform bewerten. Es war schlicht ein Akt der Gerechtigkeit aus Respekt vor der Lebensleistung der betroffenen Menschen.

Wie hart sich der Abstieg von ALG I nach Hartz IV ausnimmt, mag an daran ermessen, dass die Zuwendungen nach ALG II – unabhängig vom vorherigen beruflichen Einkommen – nur noch den gesetzlich festgelegten Mindestbedarf des täglichen Lebens abdecken.

Insbesondere Bezieher mittlerer und höherer Einkommen erleben das als tiefen Absturz. Mancher ist dann bereit, eine Stelle anzunehmen, die im Vergleich zu der Zeit vor dem Verlust des Arbeitsplatzes mit spürbaren Einkommenseinbußen und/oder Erschwernissen bei der Erreichung des Arbeitsplatzes verbunden ist. Die Bereitschaft, solche Arbeit anzunehmen, die man vorher verschmäht hätte, wird auch aus psychologischen und sozialen Gründen begünstigt. Arbeit und geregelter Beschäftigung nachzugehen, wird immer noch als soziale und moralische Pflicht angesehen. Wer nicht arbeitet, verliert an gesellschaftlichem Ansehen.[21] Wer will schon etwas zu tun haben mit dem Erfolglosen, dem Loser. Es gibt eine Fülle von Vorurteilen.

Wer sich wiederholt und immer wieder erfolglos beworben hat, wird das als auf die Dauer ungerecht empfinden. Zumeist sind die Antworten, wenn überhaupt welche kommen, formal und nichtssagend. So etwas wirkt nicht gerade motivierend. Hinzu kommt dann noch die Einkommenseinbuße. Sobald die noch einigermaßen erträgliche Arbeitslosenunterstützung ausgelaufen und etwa vorhandenes Vermögen aufgebraucht ist, geht es radikal runter auf ALG II. Die missliche Lage verschärft sich, weil Einschränkungen des Lebensstandards unabwendbar werden.[22]

---

21 Richard Harrison in: Ali Wacker (Hg.): Vom Schock zum Fatalismus, Frankfurt am Main/New York 1978, S. 46 ff.

22 Christian Brinkman: Finanzielle und psycho-soziale Belastungen während der Arbeitslosigkeit, in: Wacker, a. a. O., S. 75 ff.

Auch eine in jüngster Zeit durchgeführte Untersuchung von Ökonomen der Freien Universität Berlin und der Otto-von-Guericke-Universität in Magdeburg[23], bei der 348 Arbeitslose und 366 Vollzeitbeschäftigte befragt wurden, bestätigt schwerwiegende Probleme als Folge anhaltender Arbeitslosigkeit. Die Arbeitslosen geben eine deutlich geringere Zufriedenheit mit ihrer Situation zu Protokoll als die Beschäftigten. Bei nahezu allen Aktivitäten ihres Tagesablaufs berichteten die Arbeitslosen von weniger positiven Gefühlen als die Probanden, die einer geregelten Arbeit nachgingen. Die Beschäftigten waren zwar vielfach nicht glücklich mit ihrer konkreten Arbeit, aber die durch Arbeit erfahrene Bestätigung ist der wesentliche Aspekt für ihre positive Gesamtbewertung.

Auch der Psychologe Klaus Greven[24] traf bei seiner Studie mit 124 Männern, die länger als ein Jahr ohne Beschäftigung waren, nur auf einen Anteil von 5 Prozent, die der Dauerarbeitslosigkeit positive Aspekte wie vermehrte Freizeit, fehlender beruflicher Stress und Zeit für Hobbys und Familie abgewinnen konnten. Greven folgert daraus, dass der Arbeitsplatzverlust nebst einer Einschränkung des finanziellen Handlungsspielraums zu »Störungen personaler Identitätsbildung, zur Reduktion der Aneignungs- und Vergegenständlichungsmöglichkeiten des Individuums und zu sozialer Isolation führen kann.« In welchem Maße das geschieht, hängt dabei vom jeweiligen Individuum ab. Die durch Verlust des geregelten Arbeitstages gewonnene frei verfügbare Zeit mag in den ersten Wochen noch wie eine Art Urlaub oder Freizeit empfunden werden. Endlich kann man einmal all das erledigen, was man immer schon tun wollte und wegen Zeitmangels aufgeschoben hat. Doch schon nach wenigen Wochen weicht die Muße zumeist der Unruhe. Sich nach einer ganzen Reihe von Arbeitsjahren wieder den Bewerbungsprozeduren auszusetzen, mag manchem vorkommen wie Spießrutenlaufen. Vor allem, wenn sich trotz eifrigen Bemühens kein Erfolg einstellt.

Zum Frust der erfolglosen Arbeitssuche und der erzwungenen Untätigkeit kommt das soziale Abseits. Häufig geht der Kontakt zu

---

23 Ronnie Schöb/Andreas Knabe/Steffen Rätzel/Joachim Weimann: www.happinesseconomics.net/ocs/index.php/heirs/relationalgoods/paper/view/171.
24 Greven, Klaus: Längerfristige Arbeitslosigkeit und ihr psychischen und psychosozialen Folgen, Aachen 1985.

den Kollegen auf der Arbeit verloren, weil man sich nicht mehr regelmäßig sieht. Zieht sich die Arbeitslosigkeit länger hin, möchte man den lästigen, wenn auch gut gemeinten Nachfragen von Freunden, Nachbarn und Bekannten ausweichen, und zieht sich mehr und mehr in die eigenen vier Wände zurück. Scham ist ein typischer Grund für selbst gewählte Isolation.

Man wird es leid, sich zu rechtfertigen. Es wird als kränkend empfunden, wenn man sich veranlasst sieht, immer wieder klarzustellen, dass man durchaus motiviert ist und nicht scheitert, weil die Erwartungen an einen neuen Arbeitsplatz überspannt sind.

Immer wieder fallen, wenn über Arbeitslose diskutiert wird, gedankenlose und abfällige Bemerkungen wie zum Beispiel: »Die sind doch selber schuld.«, oder: »Die bekommen Geld, ohne etwas dafür zu leisten.«, oder: »Sollen sie doch Ruhe geben, sie werden doch fürstlich alimentiert.« Wer nur ein wenig Fantasie und Einfühlungsvermögen hat, mag ermessen, was es bedeutet, sich das anhören zu müssen, und wie sich das auf das Selbstwertgefühl auswirkt.

Das Sozialprestige sinkt weiter mit zunehmendem Fortdauern der Arbeitslosigkeit. Die Erwerbslosen reagieren unterschiedlich auf diese Herausforderung, je nachdem wie lange die Arbeitslosigkeit währt, wie stark die damit einhergehenden finanziellen Einschränkungen ihnen zusetzen. Viele empfinden auch Scham darüber, dass sie sich früher gewohnte Ausgaben nicht mehr leisten können. Daraus folgt eine Tendenz zum sozialen Rückzug. Man bleibt eher in den eigenen Räumen, freundschaftliche und soziale Beziehungen leiden Not. Oder man traut sich noch in Umfelder, wo Menschen ähnlichen Schicksals verkehren, wie zum Beispiel in Saarbrücken, in der Wärmestube »Wurzellos«.

Georg Martin Diening, »evangelischer Pfarrer im Ruhestand«, führt den Initiativkreis Wärmestube Saarbrücken e. V., der von verschiedenen Sozialverbänden getragen wird. »Wir haben 400 bis 500 Stammgäste. Viele kenne ich seit Jahren. Jeden Tag sind zwischen siebzig und hundert hier. Sie essen bei uns, sie treffen Schicksalsgefährten. Sie sind froh, hier zu sein. Hier fällt ihnen die Decke nicht auf den Kopf. Sie können bei uns duschen, ihre Wäsche waschen. Und sie finden bei uns auch Rat und Hilfe, wenn sie Probleme haben. Sie können sich austauschen. Hartz-IV-Leute haben sich viel zu erzählen. Wichtig ist, dass sie aus ihrer Isolation herauskommen. Dabei helfen wir ihnen.«

Diening weiß: »Wer Hartz IV hat, ist gebrandmarkt, abgestempelt. Die Jobcenter vermitteln zwar, aber nur wenige packen es, wieder im Arbeitsleben Fuß zu fassen. Doch ich habe eine Geschichte, die Sie interessieren wird. Da saß irgendwann ein junger Mann bei uns. Der war zu Hause rausgeflogen, war 19 Jahre alt. Immer mehr Jugendliche werden von ihren Eltern einfach auf die Straße gesetzt. Das beobachten wir mit Sorge. Der Junge hat nicht viel gesagt. Wir haben ihm Hilfe angeboten. Er hatte keine Ausbildung, keine Aussicht auf einen Job. Aber plötzlich saß er bei uns, hatte einen feinen dunklen Anzug an. Und frühstückte. Wie das? Und dann hat er erzählt, dass er einen Job gefunden hat in einem dieser modernen Spielcasinos, wie sie überall aus dem Boden schießen. Da fing er am nächsten Tag an. Seitdem haben wir ihn nicht mehr gesehen. Das ist schon eine Weile her. Vielleicht hat er es geschafft. Hoffentlich kommt er nicht unter die Räder. Aber die meisten anderen bleiben bei uns, für Jahre. Um die kümmern wir uns. Als wir unser 15-jähriges Jubiläum feierten, haben wir die Gäste gebeten aufzuschreiben, warum sie zu uns kommen. Die Zitate kann man auf einer Tafel lesen, zum Beispiel: ›Das Team ist in Ordnung. Die Sozialarbeiter haben mir geholfen.‹ – ›Ohne die Wärmestube würde ich wieder fixen.‹ – ›Für mich ist die Wärmestube ein Ersatz für das Familienleben, das ich nicht mehr habe.‹ Und schließlich: ›Für mich ist die Wärmestube wie eine gute Tasse Kaffee.‹«

13 Weniger Geld, weniger Teilhabe am Leben

Wer mit Hartz IV auskommen muss, hat es nicht leicht. Man kann sich außer dem blanken Lebensunterhalt kaum noch etwas leisten. Mangels finanzieller Mittel ist die Teilnahme am gesellschaftlichen Leben naturgemäß eingeschränkt. Aus einschlägigen Untersuchungen wissen wir, dass sich Personen aus einkommensschwachen Haushalten deutlich weniger am politischen Geschehen beteiligen als normal oder besser Situierte.[25] Sie sind vergleichsweise seltener Mitglied einer

---

25 André Büssing: Arbeitslosigkeit – Differentielle Folgen aus psychologischer Sicht, in: Arbeit, Heft 1, Jg. 2 (1993), S. 12 ff.

Gewerkschaft (7 % gegenüber 17 %), seltener Mitglied einer Umweltschutzorganisation (1 % gegenüber 5 %), und engagieren sich weniger bei Unterschriftensammlungen (45 % gegenüber 55 %) oder in Bürgerinitiativen (17 % gegenüber 24 %).

Die nähere Analyse zeigt außerdem, dass der politische Einfluss innerhalb der Parteien mit der Höhe des Einkommens wächst, das heißt, Personen mit höherem Einkommen nehmen ihre Einflussmöglichkeiten wesentlich stärker wahr als Personen mit geringerem Einkommen. Ein Fünftel der Bevölkerung, die über die höchsten Einkommen verfügt, ist mehr als doppelt so stark in Parteien engagiert wie die Menschen in den unteren Einkommensbereichen. Dazu passt auch, dass bei allen Wahlen durchweg gilt: je höher die Arbeitslosigkeit in den Wahlkreisen, desto niedriger die Wahlbeteiligung.[26]

Diese unterschiedliche politische Beteiligung manifestiert sich auch in der subjektiven Einschätzung des Einflusses, den der Einzelne auf die Politik der Regierung hat. 39 Prozent der Bevölkerung unter der Armutsrisikogrenze sind fest davon überzeugt, keinen Einfluss auf die Politik der Regierung zu haben, gegenüber nur 26 Prozent oberhalb dieser Grenze.

Je höher das Einkommen ist, desto stärker sind das Engagement und die Verwurzelung in der Gesellschaft. Zu diesem Ergebnis kommt man bei der Auswertung verschiedener Quellen. So zeigt ein Gutachten des Deutschen Instituts für Wirtschaftsforschung, Berlin (DIW) zur Lebenslage von Beziehern höherer Einkommen mit Paneldaten aus der Allgemeinen Bevölkerungsumfrage der Sozialwissenschaften (ALLBUS), dass die durchschnittliche Quote der Mitgliedschaft in einem Verein oder in einer Organisation (42,5 %) von Beziehern höherer Einkommen mit 55,4 Prozent – und von Beziehern sehr hoher Einkommen sogar mit 63,4 Prozent deutlich überschritten wird.[27]

Dieses Ergebnis bestätigt tendenziell auch die Analyse des unteren Einkommensbereichs aus dem Jahre 2002: Von den Personen mit einem

---

26 Armin Schäfer, Politische Parallelwelten. Wo die Nichtwähler wohnen, in: Mitbestimmung Heft 6 (2010).

27 Zitiert bei André Büssing: Arbeitslosigkeit – Differentielle Folgen aus psychologischer Sicht, in: Arbeit, Heft 1, Jg. 2 (1993), (ALLBUS: Allgemeine Bevölkerungsumfrage der Sozialwissenschaften des Leibniz Instituts für Sozialwissenschaften, Mannheim 2002).

Einkommen unterhalb der Armutsrisikogrenze ist nur ein Viertel regelmäßig in Vereinen oder anderen gesellschaftlichen Organisationen engagiert (24,8 %), von den Personen oberhalb dieser Abgrenzung aber immerhin ein gutes Drittel (34,2 %).

Da die Empfänger von Arbeitslosengeld vielfach unter die Armutsgrenze rutschen, ganz besonders solche, die Hartz IV beziehen, ist festzuhalten, dass Arbeitslosigkeit mit zunehmender Dauer tendenziell zu wachsender gesellschaftlicher Ausgrenzung führt, aber auch zu individueller Isolierung mit all ihren negativen psychischen Folgen.

Prächtige Bürgerhäuser, große Gärten, parkende Luxusautos – das ist die eine Seite des Stadtviertels Alt-Saarbrücken. Aber nur wenige hundert Meter Luftlinie entfernt beginnt die andere, die düstere Seite des Viertels. Mietkasernen mit Sozialbauwohnungen aus den fünfziger und sechziger Jahren. Tristesse, zugerümpelte Hinterhöfe. Hier ist ein Quartier mit vielen Problemen, teilweise sozialer Brennpunkt. Viele Alt-Saarbrücker sind nicht in Deutschland geboren, aber schon lange hier, sprechen dennoch kaum Deutsch, leben von Hartz IV, seit vielen Jahren schon.

»Viele sind am unteren Rand der Gesellschaft, und meist ohne Hoffnung. Drei Viertel der Kinder, die hier aufwachsen, leben von Hartz IV oder mit wenig mehr. Die Kinderarmut ist groß«, sagt die Sozialarbeiterin Ursula Klein, Jahrgang 1946, die gemeinsam mit Thomas Hippchen das Gemeinwesenprojekt Alt-Saarbrücken betreut. Hippchen beschreibt die Situation so: »Rund 6.000 Menschen leben im Viertel. Viele davon an der Armutsgrenze und als Hartz-IV-Empfänger. Darunter auch viele Migrantenfamilien. Besonders problematisch ist auch die Kinderarmut. Von den 260 Kindern unter 18 Jahren in einem bestimmten Straßenzug im Viertel leben 75 Prozent mit ihren Eltern von Hartz-IV-Geld oder am untersten Ende der Einkommensskala. Viele Migrantenfamilien sind schon sehr lange hier. Wir reden mit ihnen hier oder unten in unserem Café Schniss. Bei einem Kaffee redet es sich leichter. Die meisten versuchen es immer wieder, eine Arbeit zu finden. Vergeblich. »Die wichtigste Frage für jeden Hartz-IV-Empfänger ist: Wie komme ich mit dem wenigen Geld durch den Monat? Aber wie soll man da helfen? Viele können nicht haushalten mit dem wenigen Geld. Am 2. des Monats fahren manche Familien mit dem Taxi vom Einkauf in der Stadt nach Hause und laden die vollen Einkaufstüten aus. Die Mutter steigt aus dem Auto aus und hat das Gefühl: Heute habe ich mir mal was Gutes geleistet, und den Kindern auch. Ich habe doch mal verdient, dass es mir gut geht. Dass sie ein paar Tage später kein Geld mehr hat, ist eine andere Frage. Und darunter leiden dann auch und vor allem die Kinder. Die Kinder haben Probleme in der Schule. Zu Hause leben sie in einer anderen Welt. Die Eltern sprechen die deutsche Sprache nicht, können ihnen nicht helfen. Viele haben keine deutschen Freunde.«

Und Thomas Hippchen weiter: »Stellen Sie sich das einmal vor, Sie müssten Ihre Kinder von 2,97 Euro pro Tag ernähren. Rein rechnerisch erhält ein Hartz-IV-Kind 2,97 Euro pro Tag für seine Ernährung. Wie soll man damit zurechtkommen? Viele schicken ihre Kinder ohne Frühstück in die Schule. Und Mitte des Monats ist eben kein Apfel und auch keine Butter oder Margarine beim Frühstück mehr für die Kinder da, aber Zucker, um ihn auf das Brot zu streuen. Dann reicht das Geld vielleicht noch für eine Mahlzeit am Tag, aber nicht mehr für das Frühstück für die Kinder, die in die Schule gehen. Auch wenn die Familien sich noch so einschränken, reichen die Hartz-IV-Bezüge nicht aus. Schon gar nicht um die Kinder vernünftig zu ernähren. Wir haben Hartz-IV-Bezieher und Sozialhilfeempfänger bereits in der zweiten und dritten Generation. Armut darf sich eigentlich nicht weitervererben.«

Dieter Gräbner hat sich auch bei der Pädagogisch-Sozialen Aktion (PÄDSAK), einem freigemeinnützigen Gemeinwesenprojekt auf dem Saarbrücker Wackenberg, umgeschaut und mit der Krankenpflegehelferin Karin Merkle (Name geändert) gesprochen. Mit ihrer neun Jahre alten Tochter Annemarie (Namen geändert) lebt sie in einer kleinen Wohnung von Hartz IV. Sie erzählt: »Als ich noch arbeiten gehen konnte, habe ich 1.750 Euro verdient. Jetzt bekomme ich Hartz IV, das sind insgesamt 975 Euro inklusive Kindergeld und Wohnungs- und Heizungszuschuss. Doch allein unsere kleine Wohnung kostet 617 Euro im Monat warm. Seit 2005 bin ich arbeitslos. Ich hatte vier Bandscheibenvorfälle. Das kommt vom vielen Heben der schwerkranken älteren Menschen. Die muss man aus dem Bett holen. Ich wurde zwei Mal operiert. Mein beschädigtes Rückgrat ist nicht mehr reparabel, sagen die Ärzte. Mein Arbeitsverhältnis mit der Klinik, in der ich beschäftigt war, ruht. Ich würde es gerne noch mal versuchen. Aber wie? Ich nehme starke Medikamente gegen die Schmerzen und bekomme regelmäßig Spritzen in die Rückenwirbelpartien. Arbeitsunfähig bin ich noch nicht geschrieben, aber ich muss damit rechnen.

Es tut mir einfach weh, wenn ich meiner Tochter immer wieder sagen muss: Nein, wir können nicht ins Schwimmbad. Nein, tut mir leid. Das geht nicht. Wir können nicht ins Kino. Das können wir uns nicht leisten. Und es sieht ja für uns in der Zukunft auch nicht so aus, als würde sich da was ändern. Meine Tochter ist vernünftig. Sie hat sich damit abgefunden. Sie sieht, wie ihre Klassenkameradinnen leben, die Handys haben und schick gekleidet sind. Und mit ihren Eltern in Urlaub fahren können. Wir waren nur einmal in Urlaub zusammen mit anderen Hartz-IV-Empfängern. Mit PÄDSAK. Vier Tage Skifreizeit in der Schweiz. Meine Tochter weiß, dass ich alles tun würde, um aus unserer schlimmen Situation herauszukommen. Aber was kann ich tun? Es macht mich einfach traurig, wenn ich sie sehe und ihr nicht das kaufen kann, was ihre Klassenkameradinnen anziehen. Aber sie sagt nichts, sie klagt nicht. Ich weiß, wie man sich da fühlt. Ich bin auch in einer Problemfamilie mit drei Geschwistern aufgewachsen. Die letzten neuen Schuhe meiner Tochter hat ihr Patenonkel bezahlt.«

Länger andauernde Arbeitslosigkeit ist auch deswegen verheerend, weil berufliche Kenntnisse, Fertigkeiten und Erfahrungen ohne deren Ausübung in der Praxis nach und nach verloren gehen. Selbst die sichere Beherrschung der deutschen Sprache in Wort und Schrift geht nach und nach verloren, wenn man nicht mehr am öffentlichen und gesellschaftlichen Leben teilnimmt.

Folgen sind reduzierte Kommunikationsfähigkeit, Rückzug ins Private, Niedergeschlagenheit. Ohne Perspektiven in den Tag hineinleben, ohne Strukturierung des Tagesablaufs, das geht auf die Dauer an die Substanz. Die Alltagsdisziplin, regelmäßiges Aufstehen zu festen Zeiten – warum noch? Der soziale Halt geht tendenziell verloren, die gewohnte Teilhabe am Gemeinschaftsleben in Freizeit, Kultur und Sport geht zurück. Wer nicht mehr im Arbeitsprozess gebraucht wird, kommt sich nutzlos vor. Die erfolglose Suche nach Arbeit führt irgendwann bewusst oder unbewusst zu der bangen Frage: Bin ich ein Versager, warum will mich niemand mehr? Viele Langzeitarbeitslose ziehen sich am Ende ganz zurück, resignieren und geraten in die Isolation. Schließlich fehlt es auch am Geld, um sich zu leisten, was Freunde und Bekannte ohne Mühe aufbringen können.

Der Vorstoß der früheren Arbeitsministerin von der Leyen, mit Zuschüssen zur Verbesserung der gesellschaftlichen Teilhabe von Kindern und Jugendlichen aus Hartz-IV-Familien an Bildung (Nachhilfe) und sportlich-kultureller Freizeitbetätigung war lobenswert, ist jedoch weitgehend im bürokratischen Morast versackt.

14 Gesundheitliche Probleme

Das Gefühl des Versagens und der Aussichtslosigkeit gefährdet die Gesundheit, führt häufig zu Kopf- und Rückenschmerzen. Nach einer Untersuchung des Robert Koch Instituts[28] nehmen rund 26 Prozent der arbeitslosen Männer im Vergleich zu nur 14 Prozent der Berufstätigen mehr als zwölfmal jährlich ärztliche Behandlung in Anspruch; sie haben zudem siebenmal so viele Krankenhausaufenthalte wegen psychischer Störungen zu verkraften. Bei Frauen ist die Quote zwar niedriger, geht aber tendenziell in die gleiche Richtung. Längere Arbeitslosigkeit führt also typischerweise häufig zu gesundheitlichen Beeinträchtigungen. Probleme mit der Gesundheit erschweren naturgemäß auch die Vermittlung in einen Job oder gar in die Ausbildung. Dieter Gräber sprach mit Paul Ledermann (Name geändert), der mit den wechselnden Lebenspartnern seiner Mutter nicht zu Recht kam und zu Hause auszog. »Als ich 17 Jahre alt war, hatte ich eine Ausbildung zum Landschaftsgärtner in einer Landschaftsbaufirma begonnen. Die Lehre habe ich nach drei Monaten beendet.« »Warum?« – »Wegen Diskrepanzen mit dem Chef.« Dann sagt er: »Vielleicht war auch meine Krankheit daran schuld. Schon als Fünfzehnjähriger habe ich an einer Art schizophrener Psychose gelitten. Ich sehe Dinge, die es nicht gibt, Bilder an der Wand, wo kein Bild hängt, und dann steht jemand in der Türe. Aber es gibt keine Türe und es steht auch niemand da.«

Er macht eine lange Pause, mustert mich genau, so als wolle er prüfen, ob ich ihm das mit der Psychose glaube, und sagt dann: »Ich wollte mich umbringen. Ich bin in ärztlicher Behandlung. Regelmäßig bekomme ich Spritzen gegen die schizophrenen Schübe. Das war alles zu viel auf einmal. Der neue Kerl meiner Mutter, die Krankheit und noch der der Krach mit meinem Chef.« Er ging weg aus Potsdam und landete in Saarbrücken – wie und warum in Saarbrücken erklärt er

---

28 T. Grobe/F. Schwarz: Arbeitslosigkeit und Gesundheit, in: Robert-Koch-Institut (Hg.), Gesundheitsberichterstattung des Bundes, Heft 13 (2003).

nicht – in der Drogenszene, nahm Cannabis, Amphetamine und LSD. Er war zwei Jahre obdachlos, schlief unter der Brücke oder im Park: »Ich wollte frei sein. Ich wollte nur das machen, wozu ich Lust habe. Ich wollte nicht abhängig sein vom Staat. Lieber wollt ich schnorren gehen. Ich stehe auf Punk, auf Freiheit.« Hat er, weil er auf Punk steht, sich auch den dicken Ring in die Unterlippe piercen lassen? Er nickt: »Punker wollen mit ihrem Aussehen provozieren. Wir wollen nicht aussehen wie alle anderen. Ich wollte mit einem anderen Punk aus der Szene nach England ausreisen, weil dort der Punk herkommt. Es war eine absurde Idee, so sehe ich das heute, eine absurde Vorstellung von Freiheit. Wir kamen bis Metz in Frankreich, dann haben wir uns zerstritten.«

Und jetzt? »Ich weiß jetzt, was ich will. Auch mir hat der SOS-Jugenddienst in Saarbrücken geholfen. Ich lebe von Hartz IV, habe sogar eine eigene Wohnung, 70 Quadratmeter groß, zwei Zimmer, Küche, Bad kostet 299 Euro. Die Wohnung hat Ofenheizung. Zahlt Hartz IV. Und ich bekomme 374 Euro von Hartz IV zum Leben.« – »Und wie geht es nun weiter?« – »Ich will Erzieher werden, auf eine Schule gehen, wo ich das lernen kann. Ich möchte Leuten, helfen, die in ähnlichen Situationen waren wie ich. Ich will mit Menschen zu tun haben.« Aber es gibt noch gravierendere Probleme. Wolfgang Edlinger, Jahrgang 1951, war 25 Jahre Leiter der Jungendhilfe des SOS-Kinderdorf-Vereins in Saarbrücken und ist Vorsitzender der Saarländischen Armutskonferenz, berichtet aus seinen konkreten Erfahrungen:

»Wir hatten im letzten Jahr 15 Todesfälle aus dem Kreis der obdachlosen Besucher der Saarbrücker Wärmestube. Das ruinöse Leben auf der Straße fordert seinen Tribut. Der allgemeine Gesundheitszustand von Langzeitarbeitslosen ist sehr angegriffen. Wegen der zehn Euro-Praxisgebühr gehen viele nicht zum Arzt. Auch nicht, weil sie dort nicht sehr angesehen sind – vor allem unter den anderen Patienten im Wartezimmer. Es ist leider so, dass die Obdachlosen so lange krank herumlaufen, bis sie dann sofort ins Krankenhaus müssen. Wenn man sein Leben im Straßenmilieu verbringt, wird man mit vielen Krankheiten infiziert. Der Großteil der Obdachlosen hat Hepatitis. Wenn dann noch Alkohol oder Drogen hinzukommen ...«

Langzeitarbeitslose haben ein drei- bis viermal höheres Sterberisiko als berufstätige Menschen, und die Phasen der Krankschreibung sind gleichfalls vierfach höher. Längere Arbeitslosigkeit führt zu Niedergeschlagenheit und Verzweiflung, weil die Lage ausweglos erscheint. Währt die Arbeitslosigkeit länger als 18 Monate, treten bei 50 Prozent der Betroffenen erhöhte Depressionssymptome auf, bei 12 Prozent gar schwere Depressionen.

So verwundert denn auch der Befund Grevens nicht, wonach mit zunehmender Dauer der Erwerbslosigkeit die Belastungen steigen und die negativen Folgen des Arbeitsplatzverlustes immer deutlicher hervortreten. Mehr als die Hälfte der Befragten (52,6 %) mussten nach einer entsprechenden Untersuchung als depressiv, 12,3 Prozent sogar als schwer depressiv und damit als klinisch behandlungsbedürftig eingeschätzt werden. Im Hinblick auf die sozialen Folgen der Arbeitslosigkeit ergaben sich eine erhöhte Ehescheidungsrate, eine deutliche Verschlechterung der Stimmung in der Familie und eine Einschränkung von extrafamiliären Kontakten. Keiner der Befragten fühlte sich frei von Vorurteilen gegenüber Arbeitslosen. Besonders hart trifft es Menschen, die wegen ihrer psychischen Probleme obendrein auch noch sucht- oder drogenabhängig sind. Sie haben es nicht nur schwer, Arbeit zu finden, sondern auch eine eigene Wohnung.

15 Selbstwertgefühl und Würde

Die geschilderten Auswirkungen anhaltender oder gar dauerhafter Erwerbslosigkeit sind erschreckend, ja geradezu verheerend. Wie soll man eine Gesellschaft beurteilen, die einen solchen Befund seit Jahren hinnimmt? Angesichts der seit Jahren unverändert hohen Sockelarbeitslosigkeit bestenfalls als resignativ, eher aber als zynisch.

Wie dem auch sei, gleichgültig, ob die Betroffenen sichtbar leiden oder so abgestumpft wirken, als mache ihnen ihre Lage nichts weiter aus: Praktisch niemand übersteht diese Erfahrung, ohne Schaden an seinem Selbstwertgefühl zu nehmen. Das Selbstwertgefühl tangiert den innersten Wesenskern des Menschen – und das ist die Würde.

Es ist schon sehr viel wert, dass das Bundesverfassungsgericht in seinem jüngsten einschlägigen Grundsatzurteil unmissverständlich festgestellt und rechtsverbindlich für Staat und Gesellschaft festgeschrieben hat, dass den Bedürftigen ein Anspruch auf ein menschenwürdiges Existenzminimum zusteht. Aber der Mensch lebt nicht vom Brot allein. Er hat zweifelsohne Bedürfnisse, die über die schiere Existenzabsicherung hinausreichen. Gemeint ist das unbestreitbare Bedürfnis, als gleichberechtigt in die Gesellschaft eingegliedert zu sein und in dieser Gesellschaft eine den eigenen Wertvorstellungen gerecht werdende Rolle einzunehmen.

In Artikel 1 Absatz 1 des Grundgesetzes (GG) heißt es: »Die Würde des Menschen ist unantastbar. Sie zu achten und zu schützen ist Verpflichtung aller staatlichen Gewalt.« Es stellt sich die Frage, ob dieses zwingende Gebot nur dann missachtet und verletzt wird, wenn dem Menschen die materielle Existenzgrundlage nicht gewährleistet wird. Ist die Missachtung des Selbstwertgefühls und der Selbstachtung eines Menschen, die sich darin manifestiert, dass er vom Arbeitsleben und von der eigentlich selbstverständlichen Teilhabe am sinnstiftenden Leben der Gesellschaft und als deren geachtetes Mitglied ausgeschlossen bleibt, nicht eine mindestens ebenso schwerwiegende Verletzung der Menschenwürde? Eben weil der Staat nicht Sorge dafür trägt, dass er diese Stellung durch aktive Beteiligung am Arbeitsleben erlangt?

Der Verfassungsrechtler Matthias Herdegen[29] sieht den Staat dem Achtungs- und Schutzanspruch des selbstbestimmten Individuums verpflichtet. Die Menschenwürde ist betroffen, wenn der Mensch zum bloßen Mittel, zur austauschbaren Größe herabgewürdigt wird.[30]

Laut Bundesverfassungsgericht ist die Würde verletzt, wenn der Mensch einer Behandlung ausgesetzt wird, die seine Subjektqualität grundsätzlich infrage stellt, was in der Verachtung des Wertes zum Ausdruck kommt, der dem Menschen kraft seines Personseins zukommt.[31]

Dieser extrem hohe Anspruch der juristischen Definition und Kommentierung erscheint im realen Leben kaum erreichbar und eher in der Abwehr zutiefst existenzieller aktiver Persönlichkeitsverletzungen wie zum Beispiel willkürlicher Gewalt, Folter oder physischer Vernichtung erfüllt zu sein.

---

29 Matthias Herdegen in Maunz-Dürig: Grundgesetz Kommentar, Stand Mai 2009, Rn. 76.

30 Matthias Herdegen in Maunz-Dürig: Grundgesetz Kommentar, Stand Mai 2009, Rn. 35.

31 BVerfGE, Bd. 30, 1 (26).

Immanuel Kant[32] sieht in der Autonomie den Grund der Würde der menschlichen Natur. Mit dieser Bewertung kommt man eher zu einer Verletzung der Menschenwürde durch den Staat, der es unterlässt, wirkungsvolle und zielführende Schritte und Maßnahmen zur Erfüllung des Grundbedürfnisses auf gesellschaftliche Teilhabe durch bezahlte Arbeit zu unternehmen. Festzuhalten bleibt allerdings, dass eine grundrechtlich gebotene staatliche Handlungspflicht nach einhelliger Auffassung der Rechtsgelehrten und der Gerichte insoweit nicht zu bejahen ist. In der ersten französischen Verfassung nach der Revolution von 1789 wurde zwar ein Recht auf Arbeit postuliert und man findet solche Regelungen vereinzelt auch in Verfassungen von Bundesländern wie zum Beispiel im Saarland (Art. 45 Verfassung des Saarlandes). Aber weder in Frankreich noch in den betreffenden Bundesländern hat dieses Recht praktische Relevanz, geschweige denn einen durchsetzbaren Anspruch auf Zuweisung einer konkreten Arbeit gesichert.

Wenn wir jedoch in der Frankfurter Allgemeinen Zeitung (Nr. 5, vom 7. Januar 2011, S. 21) lesen können, dass »das Vermögen der Deutschen auf rund fünf Billionen Euro steigt«, dass wir also unbestritten in einer Gesellschaft im Wohlstand leben, mutet es seltsam an, dass es keine Lösung für das schwärende Problem der Arbeitslosigkeit geben soll, das Millionen Menschen zutiefst in ihrem Selbstbewusstsein, ihrer Selbstachtung und in ihrem Selbstwertgefühl trifft. Selbst wenn nach gefestigter Rechtsprechung und Lehre ein manifester und einklagbarer Beschäftigungsanspruch wegen Verletzung der Menschenwürde zu verneinen ist, so kann man doch nicht bestreiten, dass das Selbstwertgefühl des Menschen im Kern berührt ist, wenn den Langzeitarbeitslosen dauerhaft der Zugang zu geregelter bezahlter Beschäftigung verwehrt wird.

Das Allermindeste ist in jedem Fall eine politisch-moralische Verpflichtung der Verantwortlichen in Staat und Gesellschaft, alles dafür zu tun, die hoffnungslosen Menschen, die sich über längere Zeit um einen Arbeitsplatz bemühen, nicht im Stich zu lassen und sie aus ihrer höchst unbefriedigenden und vielfach als unerträglich empfundenen Lage zu befreien.

Das unausrottbare Vorurteil satter Wohlstandsbürger: »Wer will, findet auch Arbeit; die ruhen sich in der sozialen Hängematte doch nur

---

32 Immanuel Kant: Grundlegung zur Metaphysik der Sitten, 2. Auflage, Riga 1786, S. 79.

aus und machen es sich bequem«, ist bei näherer Betrachtung der realen Verhältnisse weitestgehend unhaltbar. Zwar ist nicht zu bestreiten, dass es Menschen gibt, die sich recht gut mit der Arbeitslosigkeit einrichten können, es gibt bekanntlich Menschen, die sich zum Recht auf Faulheit bekennen. Aber die überwältigende Mehrheit der Arbeitslosen wäre dankbar für auskömmlich bezahlte Arbeit.

Eine Gesellschaft, die auf einem humanen Menschenbild basiert und die Würde des Menschen als höchsten Wert im Grundgesetz allen Grundrechten voranstellt, darf nicht hinnehmen, dass das Selbstwertgefühl von Millionen Menschen missachtet wird. Jeder politisch Verantwortliche ist aufgerufen, alles Denkbare und finanziell Vertretbare zu tun, um diese Misere zu beenden. Dabei gibt es zwei Weichenstellungen. Was können wir für die Menschen tun, die aktuell an diesem Elend leiden, und wie können wir möglichst sicherstellen, dass in Zukunft weiteren Menschen, insbesondere den heranwachsenden Kindern und Jugendlichen, ein solches Schicksal erspart bleibt. Beginnen wir mit der Zukunft.

16 Was ist zu tun? Wie kann die Misere der Langzeitarbeitslosigkeit nachhaltig bekämpft und beseitigt werden?

Will man diese Geißel loswerden und zugleich eine latente gesellschaftliche Zeitbombe entschärfen, so gilt es, zweierlei Wege zu beschreiten. Zum Ersten muss alles daran gesetzt werden, die heranwachsende Jugend gründlich auf die Berufswelt vorzubereiten. Das kann nur gelingen, wenn alle Schülerinnen und Schüler zu einem erfolgreichen berufsqualifizierenden Schulabschluss geführt werden. Nur wer über eine solide allgemeine Schulbildung verfügt, kann in der Berufsausbildung und später im Berufsleben Erfolg haben. Wo das nicht gelingt, brauchen wir zweitens Strukturen und Einrichtungen, die Menschen ohne ausreichende Berufsqualifikation eine würdige Lebensperspektive bieten. Das ist – und darauf wird einzugehen sein – der Dritte Arbeitsmarkt.

Aber richten wir zunächst den Blick auf die Schulausbildung. Was dort versäumt wird, kann später kaum noch aufgeholt werden.

17 Ohne gute Bildung keine nachhaltige Beschäftigung im regulären Arbeitsmarkt

Die grundlegenden Veränderungen in der deutschen Industrie und im verarbeitenden Gewerbe haben – bedingt durch zunehmende internationale Konkurrenz und immer höheren Kostendruck sowie die Automation – zum Wegfall zahlreicher Arbeitsplätze vor allem bei den einfacheren Berufstätigkeiten wie Hilfsarbeitern geführt. Die beruflichen Anforderungen in Theorie und Praxis sind beständig gewachsen. Wer heute keinen Schulabschluss erreicht, ist nahezu chancenlos am Arbeitsmarkt. Die hohe Zahl der nicht mehr vermittelbaren Beschäftigungslosen hat ihre Ursache zu großen Teilen in mangelhafter Qualifikation. Je niedriger der Bildungsgrad und Ausbildungsstand, desto geringer sind in der Regel die Vermittlungschancen. Die nachfolgende Grafik 5 weist dies deutlich aus [☞ siehe rechts S. 81].

Deswegen ist es eine der wichtigsten Aufgaben der Arbeitsverwaltung, Arbeitslose durch Qualifizierungsmaßnahmen vermittlungsfähig zu machen für reguläre Jobs. Aber bevor die Arbeitsverwaltung ins Spiel kommt, ist unser Bildungssystem gefragt, das die Grundlagen schaffen soll für ein erfolgreiches Leben, sowohl privat als auch beruflich. Aufgrund schlüssiger und vielfach untermauerter Forschungsergebnisse wissen wir, dass die Weichen der Bildung zu den Karrierechancen unserer Kinder schon sehr früh gestellt werden.

18 Der größte Skandal: Die Kinder in Hartz-IV-Haushalten sind häufig chancenlos

Wer in ein sozial schwaches Umfeld geboren wird und bei Eltern mit geringer Bildung aufwächst, hat weniger Chancen auf eine erfolgreiche Bildungskarriere, und zwar unabhängig von seiner Intelligenz und seinen Erbanlagen. Intakte Familienverhältnisse sind eine gute Basis für eine erfolgreiche Bildungskarriere der Kinder. Die wichtigste Voraussetzung für die gedeihliche Entwicklung der Familien

Grafik 5: Qualifikationsspezifische Arbeitslosenquoten in Deutschland 1975 bis 2012; Männer und Frauen
(Angaben in Prozent)

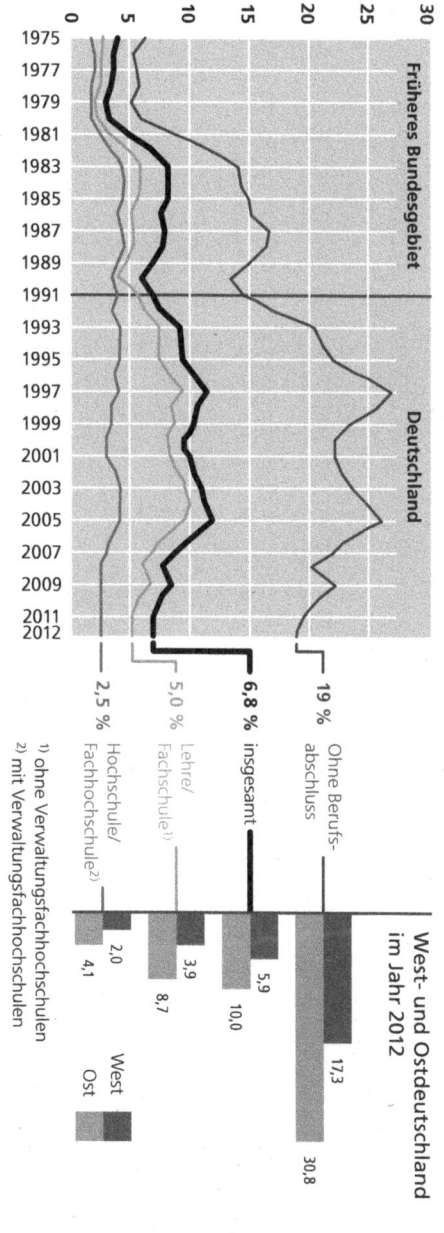

Anmerkungen: Arbeitslose in Prozent aller zivilen Erwerbspersonen (ohne Auszubildende) gleicher Qualifikation. Erwerbstätige ohne Angabe zum Berufsabschluss nach Mikrozensus je Altersklasse proportional verteilt. Bis 2004 Erwerbstätige im April; ab 2005 Erwerbstätige im Jahresdurchschnitt.

Quelle: IAB-Berechnungen auf Basis des Mikrozensus und der Strukturerhebungen der Bundesagentur für Arbeit (BA) | © IAB

ist neben wechselseitigem Verständnis und Vertrauen, dass wenigstens einer der Erziehungsberechtigten geregelter Erwerbstätigkeit nachgeht. In diesen Familien ist in aller Regel auch das Bewusstsein für den Wert der Bildung für den eigenen Nachwuchs ausgeprägt.

Arbeitslosigkeit dagegen gefährdet den familiären Zusammenhalt, vor allem wenn sie über längere Zeit andauert. Die traurige Bilanz geschlossener Hartz-IV-Karrieren über Generationen hinweg und die letzten Pisa-Studien zur Bildungsentwicklung weisen das mit betrüblichen Ergebnissen in alarmierender Weise nach. Die mit längerer Arbeitslosigkeit typischerweise verbundene schleichende Unterminierung des Selbstwertgefühls hat auf die Dauer häufig negative Auswirkungen auf die Familien. Finanzielle Not, soziale Isolation und Ausgrenzung kommen hinzu. Da ist es kein Wunder, wenn auch das Verantwortungsbewusstsein für Erziehungs- und Bildungsfragen der Kinder beeinträchtigt wird.

19 Pädagogisch fundierte Erziehung in Kindertagesstätten ist eine entscheidende Basis für gute Bildungschancen

Um allen Kindern, vor allem aber auch denen aus bildungsfernen Schichten und aus Migrantenhaushalten, gute Entwicklungschancen zu geben, bietet sich der Besuch des Kindergartens spätestens nach Vollendung des dritten Lebensjahres an.

Kinder aus sozial schwachen Familien, die unterhalb der Armutsgrenze leben, haben signifikant geringere Chancen, einen guten Schul- oder Hochschulabschluss zu erreichen. Insoweit lässt unser Bildungssystem noch zu wünschen übrig. Die Bildungsbarrieren durch sozial schwache Elternhäuser sind – auch im Vergleich zum Ausland – manifest und sie haben sich im Zeitverlauf nicht wesentlich verändert. Zu verweisen ist auf die kritischen Befunde der OECD und die PISA-Untersuchungen, die dem deutschen Bildungssystem eine soziale Schieflage bescheinigen. Kinder aus Migrantenfamilien starten ihre Bildungskarrieren in der Regel mit dem Handicap mangelnder

Deutschkenntnisse. Es ist dringend nötig, Migrantenkinder sehr früh mit der deutschen Sprache vertraut zu machen. Denn niemand vermag es, erfolgreich in deutschen Schulen zu lernen, ohne die deutsche Sprache zu beherrschen. Der Besuch vorschulischer Einrichtungen, um gründlich Deutsch zu lernen, muss deswegen für alle Migrantenkinder verpflichtend werden, und zwar unabhängig von Religion und Herkunft. Kulturelle Verankerung, Sitten und Gebräuche verdienen in einer Einwanderungsgesellschaft Respekt, aber die Inklusion in das gesellschaftliche Leben und erst recht in die Arbeitswelt kann nur gelingen, wenn die Landessprache beherrscht wird. Gleiches gilt im Wesentlichen auch für Kinder aus bildungsfernen Schichten sozial schwacher Familien aus dem deutschstämmigen Hartz-IV-Milieu, insbesondere in den Haushalten, in denen sich die Kommunikation zumeist auf das Allernotwendigste beschränkt und man mit wenig Worten sowie einem eingeschränkten Sprachcode auskommt.

In der wichtigen Lernphase zwischen drei und sechs Jahren muss dafür gesorgt werden, dass die Kinder sprachmächtig werden, die deutsche Sprache (mündlich) beherrschen. Das kann aber nur dann gelingen, wenn pädagogisch qualifiziertes Personal für diese grundlegend wichtige Bildungsarbeit eingesetzt wird. Denn zur soliden Sprachvermittlung und zur notwendigen Horizonterweiterung der Kinder bedarf es versierter Fachkräfte mit Hochschulabschluss, zumindest auf Fachhochschulebene. Die herkömmliche Erzieherausbildung auf Fachschulebene genügt diesen Anforderungen bei Weitem nicht. Diese Betreuungskräfte, die bisher das Gros des Personals in Kindertagesstätten ausmachen, werden auch in Zukunft im Team der Tagestätten eine sinnvolle Funktion haben und wertvolle Dienste leisten. Aber ohne vorschulpädagogische Fachkräfte, die in der Lage sind, Kinder unterschiedlichster Herkunft und Schichten gezielt zu fördern, kann man dem vorschulischen Bildungsauftrag nicht mehr gerecht werden. Nur auf fachlich fundierter Basis können junge Menschen, die in ihrer Familie nicht ausreichend gefördert wurden, gezielt an das Bildungsniveau herangeführt werden, das für eine erfolgreiche schulische Karriere notwendig ist. Wer die deutsche Sprache nicht beherrscht, kann dem Unterricht von Anbeginn an nur unzulänglich folgen und ist in aller Regel auch nicht imstande, den Schulabschluss zu schaffen. Und das Fatale ist, dass solche Kinder als Schulabbrecher kaum Chancen haben, eine reguläre berufliche Ausbildung hinter sich zu bringen.

Wir wissen es längst: Was bei Kindern in dieser frühen Entwicklungsphase versäumt wird, kann in der schulischen Karriere in aller Regel nicht mehr nachgeholt werden. Ein vermeidbares Schicksal, wenn die notwendigen Rahmenbedingungen geschaffen werden. Die dafür notwendigen Finanzen sollten angesichts rückläufiger Schülerzahlen allein schon durch Umschichtung darstellbar sein. Gelder sollten aber auch unabhängig von rückläufigen Schülerzahlen, im Haushalt der Kommunen und Ministerien bereitgestellt werden.

Die demografische Entwicklung wird dazu führen, dass die Frauen in rasant steigender Zahl erwerbstätig werden. Berufstätigkeit und Familie werden aber nur vereinbar sein, wenn von der vorschulischen Bildung über die Grundschulen und die Sekundarstufen zunehmend Ganztagseinrichtungen zur Verfügung stehen. Davon würden vor allem auch die Familien von Arbeitslosen profitieren, weil durch längere Betreuung mangelnde oder unzureichende Förderung in der Familie zumindest in Maßen ausgeglichen werden kann, vor allem aber auch, weil nur so Beruf, Familie und Erziehung in Zukunft miteinander verzahnt werden können.

20 Die Anforderungen an die Grundschule

Die Grundschule kann nur dann erfolgreich arbeiten, wenn die dort eingesetzten Lehrerinnen und Lehrer in ihrem Studium auf dieses zunehmend komplexere und anspruchsvollere Anforderungsprofil systematisch fachlich solide vorbereitet werden. In diesem Zusammenhang sind sozialpädagogische und psychologische Kompetenzen gleichrangig zu berücksichtigen, insbesondere wenn Kinder aus schwierigen Lernumfeldern nachhaltig gefördert werden sollen. Dabei bietet es sich auch an, dass sich Lehrkräfte an Grundschulen in Teams zusammenfinden, um den Lernfortschritt der Schülerinnen und Schüler unter Würdigung unterschiedlicher Lernvoraussetzungen und Fähigkeiten bestmöglich zu gestalten.

Was für die Kinder aus schwierigem Lernumfeld gesagt wurde, gilt in besonderem Maße für Kinder von Migranten. Nur wenn diesen die deutsche Sprache im Vorschulbereich systematisch und gründlich vermittelt wird, können sie die Grundschule erfolgreich durchlaufen.

Aufgrund der demografischen Entwicklung ist Deutschland zweifelsohne ein Einwanderungsland. Damit müssen und wollen wir leben, nicht zuletzt auch, weil unsere Bevölkerung in den nächsten Jahrzehnten überaltert und der Nachwuchs am Arbeitsmarkt mit heimischen Kräften nicht mehr zu sichern sein wird. Es wird jedoch darauf zu achten sein, dass die Einwanderung – etwa nach kanadischem Beispiel – bedarfsorientiert und mit Blick auf berufsfachliche Kenntnisse und Fähigkeiten gesteuert wird.

Neben der soliden Vermittlung von Grundwissen in den Sachfächern geht es in der Grundschule zunächst darum, die deutsche Sprache intensiv zu vermitteln und zu festigen. Um den Kontakt zu unseren Nachbarn zu erleichtern, sollten Fremdsprachen möglichst früh – spätestens ab der 2. Klasse – angeboten werden. Denn wir wissen aus Erfahrung, dass Kinder in diesem Alter sehr gut für Sprachen zu motivieren sind.

Im Unterrichtsablauf empfiehlt sich im Übrigen nach den gesicherten Erkenntnissen der Hirnforschung ein austarierter Mix aus Kernfächern, musisch-kultureller Bildung und Sport als täglicher Bewegungserziehung. So kann ein optimales Lernklima geschaffen werden.

Zu den Aufgaben der pädagogischen Fachkräfte gehört es zudem, den Kontakt mit den Eltern zu suchen und in gezielten Aktionen Verständnis für die Bedürfnisse der heranwachsenden Generationen zu wecken. Die Schule als gesellschaftliches Kraftfeld kann so nachhaltig gestärkt und zum mobilisierenden Aktionsfeld im öffentlichen Gemeinwesen werden. Die Initiative zu solchem Engagement ist jedoch nicht allein die Aufgabe der Schulen. Ergänzendes gesellschaftliches Engagement für die Förderung unserer Kinder ist wünschenswert, hilfreich und wertvoll.

Die Kinderhilfe Saar e. V. unterstützt als Stiftung seit 1998 Kinder aus sozial schwachen Familien. Stiftungsgründerin Margarita von Boch sagt: »Wir wollen, dass den von uns betreuten Kindern jedwede Hilfe und Unterstützung zu Teil wird, die sie zu einer guten und gesunden Entwicklung und Entfaltung mit der Chance einer selbstbestimmten Zukunft brauchen.« Von Boch initiiert und fördert Aktionen und Programme, die den Kindern im Schulalltag helfen. Zum Beispiel das »Frühe Frühstück« in der Kirchberg-Grundschule in Saarbrücken-Malstatt.

An der Theke, wo es das Kinderfrühstück mit Kakao, Milch, Obstsaft, Brot und Brötchen, auch Kuchenstückchen, dazu Marmelade oder

Nutella, Quark und Honig gibt, stehen sie Schlange. Die Schulranzen haben sie abgenommen und neben die Tür gestellt. Es sind fröhliche Kinder. Sieben Mütter anderer Schulkinder – vier Deutsche, eine Italienerin, eine Türkin, eine Marokkanerin – helfen ehrenamtlich beim Frühen Frühstück mit. Sie schmieren Brötchen, schenken Milch und Kakao aus. Und in der Pause geht es weiter. Leidinger-Weisang: »Ohne diese freiwillige Hilfe von engagierten Müttern könnten wir das nicht leisten. Was wir hier tun für die sogenannten bildungsfernen Schichten, ist Armutsprävention. Hier in Malstatt sind viele Migrantenfamilien. Und die Kinder, die zu uns kommen, brauchen Hilfe, weil man sich zu Hause zu wenig um sie kümmert. Viele werden nicht einmal regelmäßig geweckt, um rechtzeitig in der Schule zu sein. Es ist wichtig für die Kinder, dass sie morgens ein Frühstück bekommen, aber auch, dass sie lernen, wie man sich selbst helfen kann. Inzwischen gibt es ein Frühstücksprogramm. Wir machen einen Cornflakes-Tag und einen Nutella-Tag. Aber wir haben auch viele andere Angebote für die Kinder – und auch für die Eltern. Die Kinder können bei uns Gitarre spielen lernen. Die Gitarren haben wir. Oder Blockflöte. Wir haben auch ein sogenanntes Ermutigungstraining, in dem wir den Kindern Mut machen, sich zu behaupten. Die Kinder lernen spielerisch, sich ihrer Stärken und Fähigkeiten bewusst zu werden. Anhand der Geschichte »Das Mäuschen, der Drache und ich«, die wir Ihnen erzählen, lernen sie zu erkennen, wo bin ich piepsig wie ein Mäuschen und wo verhalte ich mich wie ein Drache und werden so mutiger und innerlich stärker.«

Margarita von Boch, Gründerin und Leiterin der Kinderhilfe e. V. Saar, engagiert sich für Kinder, die von ihren Eltern nicht hinreichend gefördert werden, um ihren Mut und ihr Selbstbewusstsein zu fördern, damit sie zu lebenstüchtigen Jugendlichen und Erwachsenen werden, die keiner staatlichen Unterstützung mehr bedürfen. Das bereits erwähnte Bildungspaket der früheren Arbeitsministerin Ursula von der Leyen hält sie für ein Almosen. Einen Tropfen auf dem heißen Stein, zu bürokratisch und allenfalls ansatzweise geeignet, die anvisierte Zielgruppe zu erreichen. Die außerschulische Förderung und die Ergänzungsstunden erreichten eben in Sonderheit nicht die Zielgruppe der Schüler, die sitzen zu bleiben drohten.

Das Engagement gesellschaftlicher Gruppen im Bildungsbereich jedoch sei vorbildlich und begrüßenswert. Die öffentlichen Verantwortungsträger in Staat und Gesellschaft müssten jedoch deutlich mehr tun.

Das gelte vor allem für solide ausgestattete Ganztagseinrichtungen. Auch sei es wichtig, über gute pädagogische Aus- und Weiterbildung Lehr- und Betreuungspersonal in Kindertagesstätten und Grundschulen zu motivieren. Nur durch intensive und nachhaltige Förderung aller Schülerinnen und Schüler, ganz besonders jedoch derjenigen aus sozial schwachen und bildungsfernen Schichten, könnten solide Voraussetzungen für ein erfolgreiches Leben in Beruf und Gesellschaft geschaffen werden.

21 Sekundarschulen und Berufsbildung

Bei der Vermittlung von Bildungsinhalten und der Erreichung solider Schulabschlüsse sind – allen Vorurteilen zum Trotz – die Unterschiede der Schulformen bei Weitem nicht so wichtig wie die pädagogischen und didaktischen Fähigkeiten des Lehrpersonals. Dessen vordringlichste Aufgabe sollte es sein, alle Schülerinnen und Schüler zu einem soliden mittleren Bildungsabschluss, zumindest jedoch zu einem Hauptschulabschluss zu führen. Erfolgreiche Bildungssysteme anderer Staaten in Europa zeigen, dass nicht das diskriminierende Aussortieren von jungen Menschen, sondern vielmehr der sorgsame Umgang mit allen Schülerinnen und Schülern im Vordergrund stehen sollte.

Wer in einzelnen Fächern zurückbleibt oder Defizite aufweist, sollte gezielt in besonderen Lerngruppen gefördert werden, um den Anschluss an das Bildungsniveau der Klasse zu halten. Im Rahmen von Ganztagsschulsystemen ist dies bei adäquater Organisation und gezieltem pädagogischem Einsatz nachweisbar möglich. Keineswegs soll dabei einem übertrieben egalitären und idealistisch überhöhten Bildungsideal das Wort geredet werden. Es gibt zweifelsohne unterschiedliche Begabungen, und die sollten auch gezielt gefördert werden. Schulabschlüsse dürfen auch nicht unter Verdrängung latenter Lerndefizite und unzulänglicher Bildungsstandards »verschenkt« werden. Um die notwendige Mobilität in der gesamten Bundesrepublik abzusichern, sollten die Bundesländer des Weiteren mit den schädlichen Auswüchsen des deutschen Bildungsföderalismus aufräumen und für die Bildungsgänge gemeinsam vergleichbare Standards verbindlich festlegen.

Schließlich erscheint es sinnvoll und effizient, den Bildungsfortschritt an unseren Schulen durch durchgängige regelmäßige Tests zu prüfen, um Defizite sichtbar zu machen.

In jedem Fall muss der pädagogische Anspruch dahin gehen, durch Fördern und Fordern möglichst alle Schülerinnen und Schüler zumindest zu einem berufsqualifizierenden Bildungsabschluss zu führen, gleichgültig, ob in dualen Berufsbildungsgängen oder in Berufsfachschulen im sekundären oder tertiären Bereich oder in Studiengängen an Fachhochschulen oder Universitäten. Für alle Bereiche gilt ohne Unterschied: Sie sind dem Ziel verpflichtet, jungen Menschen gute Startvoraussetzungen für ihre berufliche Karriere zu schaffen. Möglichst weitgefächerte methodische Fachkompetenz ist die beste Voraussetzung dafür, auch in unterschiedlichen Lebens- und Konfliktlagen erfolgreich zu sein.

Um die unterschiedlichen Begabungen frühzeitig optimierend zu fördern, bietet es sich an, Schülerinnen und Schülern, denen das Fortkommen in allgemeinbildenden Schulen schwerfällt, schon frühzeitig mit berufspraktischen Anreizen entgegenzukommen, wie sie typischerweise im Berufsvorbereitungsjahr geboten werden. Schüler, die sich mit kognitiven Lehrstoffen schwertun, können die für eine erfolgreiche Bildungskarriere so wichtigen Erfolgserlebnisse und Bestätigungen erfahrungsgemäß in berufspraktischen Lernfeldern wesentlich leichter erfahren. Das bedeutet, dass spätestens ab Klasse 7 im regulären Unterricht der Sekundarstufe lebens- und berufspraktische Fächer und Kurse, vor allem auch Betriebserkundungen und Praktika angeboten werden müssen, um Schulmüdigkeit und mangelnder Motivation im allgemeinbildenden Unterricht entgegenzuwirken. Um keine Missverständnisse aufkommen zu lassen: Solide kognitive Bildungsinhalte wie die gründliche Beherrschung der Kulturtechniken des Lesens, Schreibens und des Rechnens sowie ein vernünftiges Maß an Allgemeinbildung dürfen keineswegs vernachlässigt werden. Denn nur mit diesem Rüstzeug kann eine berufliche Karriere, welcher Art auch immer, erfolgreich gestaltet werden. Auf dieser Basis jedenfalls können gute und Erfolg versprechende Voraussetzungen für den Start in das duale oder vollzeitschulische Bildungs- und Ausbildungssystem geschaffen werden, um das uns andere Länder zu Recht beneiden.

Ohne die Ganztagsschule mit systematischer und intensiver pädagogischer Betreuung ist die nachhaltige Absolvierung solider Bildungsabschlüsse vor allem für Kinder aus sozial schwachen Verhältnissen häufig nicht zu gewährleisten. Das kann nur in gebundenen Ganztagsschulen mit verpflichtendem Unterricht erreicht werden. Die freiwilligen Angebote mit Nachmittagsbetreuung jenseits fachpädagogischer Unterrichtung reichen dafür nicht aus. In der Tat weichen deren Bildungserfolge nicht wesentlich von den regulären Halbtagsschulen ab.[33] Ihr Stellenwert orientiert sich eher an den beruflichen Bedürfnissen der Eltern, die während ihrer Arbeitszeit ihre Sprösslinge angemessen betreut wissen wollen. Nur durch die Intensität der Betreuung und die sinnvolle Verteilung des Unterrichtsstoffs in den Nachmittag hinein wird ein optimaler Bildungserfolg gewährleistet, was insbesondere den Kindern aus bildungsfernen Schichten zugutekommt.

Ein weiterer wesentlicher Gesichtspunkt in diesem Zusammenhang ist jedoch der Rückhalt, den Kinder zur Entwicklung ihrer Bildungschancen in ihrem häuslichen Umfeld erfahren. Wo es kein intaktes Familienleben gibt, ist auch der schulische Lernerfolg gefährdet. Das beginnt morgens mit dem rechtzeitigen Wecken und mit dem Frühstück und setzt sich fort mit vernünftiger Ernährung im häuslichen Bereich.

Aus Umfragen wissen wir, dass sich knapp 20 Prozent der Familien von Fastfood ernähren und dass es häufig an warmen Mahlzeiten fehlt. Die Arbeiterwohlfahrt (AWO) Saarbrücken-Burbach hat das daraus Konsequenzen gezogen. Hartz-IV-Kinder lernen kochen. Zwei Mal in der Woche kommen sie zusammen. Der Kurs heißt »Flotte Lotte«. Vielleicht kämen sogar Sterne-Köche ins Grübeln, wenn man sie fragen würde, was »Torte Lini« ist oder wie man »Currybanane mit Reis und Putenschinken« oder »Zucchinifladen mit Zaziki« zubereitet? Die Kinder, die den Kinderkochclub besuchen, kochen das nämlich, zweimal in der Woche, in zwei Gruppen, wegen der großen Nachfrage immer dienstags und mittwochs. Und gekocht werden zwei Gänge, Hauptgericht und Dessert. Außerdem wird auch eine Naschplatte gereicht, auf der neue Lebensmittel vorgestellt werden. Wenn kurz vor Monatsende das Hartz-IV-Geld aufgebraucht ist, kochen die Kinder für ihre Eltern und für ihre alleinerziehenden Mütter.

Das ist vorbildlich, denn gutes, gesundes Essen fördert nachweislich Gesundheit und Wohlergehen, für Kinder und gleichermaßen für

---

[33] Ausführlich dazu Jahresgutachten des Aktionsrats Bildung vom 13.9.2013: Zwischenbilanz Ganztagsschulen: Betreuung oder Rhythmisierung?, Münster 2013.

Erwachsene und sorgt, wenn sich alle daran beteiligen, für ein positives Familienklima, in dem guter Umgang und wechselseitiger Respekt gepflegt werden. Verantwortungsbewusste Eltern wissen, dass jedes Kind Anerkennung braucht für seine Anstrengungen, ganz besonders auch beim Lernen. Und am wichtigsten ist diese Bestätigung seitens des Elternhauses. Bei intakten Familien nehmen die Eltern mehr oder weniger intensiv an der schulischen Karriere ihrer Sprösslinge teil. Für Kinder aus bildungsfernen Schichten sichert der Besuch einer qualifizierten vorschulischen Einrichtung deutlich verbesserte Chancen für ihre Bildungskarriere. Denn nur mit intensiver pädagogischer und didaktischer Förderung kann sichergestellt werden, dass unsere Schülerinnen und Schüler ausnahmslos einen schulischen Abschluss erreichen, der zur Berufsausbildung befähigt, gleichgültig, ob sie in duale Bildungsgänge oder in den tertiären Bereich (Hochschulen und Fachhochschulen) münden.

22 Die schlimmsten Opfer sind die Kinder der Langzeitarbeitslosen

Man kann nicht oft genug betonen, wie wichtig es ist, dass Eltern alltäglich die Entwicklung ihrer Kinder begleiten, mit ihnen üben und ihre schulischen Erlebnisse reden, nach den Noten fragen, Ratschläge geben, loben – und falls notwendig – auch tadeln. Wer mit den Kindern diskutiert und ihnen ein positives Lernumfeld bietet, vermittelt ihnen wichtige Impulse zur Persönlichkeitsentwicklung.

Menschen, die über längere Zeit die schmerzlichen Folgen der Arbeitslosigkeit tragen, sind demotiviert und frustriert. Sie fühlen sich nicht selten als Versager, leiden an Depressionen. Diese psychischen und sozialen Belastungen münden häufig in Desinteresse und Teilnahmslosigkeit. Fernsehen, Video und Alkohol mögen dann von den Alltagsproblemen ablenken, aber aus vielen Erfahrungsberichten wissen wir, dass die Leidtragenden zumeist die Kinder sind. Wenn die engsten Beziehungspersonen, die Eltern oder der Elternteil, wo das Kind lebt, wenig oder gar kein Interesse an der schulischen Entwicklung ihres Sprösslings haben, wenn Erfolge oder Misserfolge zu Hause gar nicht registriert oder mit Gleichmut quittiert werden, ist zu befürchten, dass ein Kind – selbst bei optimalen schulischen Lernverhältnissen – nach und nach seine Lernmotivation verliert.

Und die Statistiken zeigen uns denn auch eindrucksvoll, dass Kinder aus Hartz-IV-Haushalten nur geringe Chancen auf eine erfolgreiche schulische und demzufolge auch berufliche Karriere haben. Immer häufiger ist zu beklagen, dass junge Menschen aus solchen Familien auch ihrerseits eine »Hartz-IV-Karriere« vor sich haben.[34] Das gilt vor allem und besonders für die Kinder von nicht als vermittelbar geltenden Eltern. Diese jungen Menschen haben in aller Regel erfahrungsgemäß kaum Chancen aus ihrem bisherigen Milieu aufzusteigen. Man spricht nicht ohne Grund von generationenübergreifenden Sozialhilfe- und ALG-II-Karrieren oder abschätzig von Sozialhilfeadel. Für diese Kinder – und nach der Auswertung der Pisa-Berichte auch generell für diejenigen aus den unteren sozialen Einkommensschichten, die noch im ersten Arbeitsmarkt verankert sind – ist eine nachhaltige Verbesserung nur in verpflichtenden Ganztagsschulen zu erreichen. Nur so wird ihnen ausreichend Zeit zum Lernen gegeben, und nur in solchen Schulsystemen gibt es hinreichend Möglichkeiten zu nachhaltiger individueller Förderung, um die für allgemeinbildende schulische Abschlüsse notwendigen Kenntnisse zu erlangen und die Voraussetzungen für eine erfolgreiche berufliche Ausbildung zu schaffen. Schulkarrieren verlaufen eher reibungslos, wenn die Schülerinnen und Schüler zu Hause in ihren Familien einen stützenden Rückhalt haben, und für die Lernmotivation ist es von unschätzbarem Wert, wenn Eltern die Bildungskarriere ihrer Sprösslinge fördern. Sofern sie dazu nicht aktiv beitragen können, ist doch zumindest eine positive Einstellung und aktives Interesse am schulischen Fortkommen wünschenswert. Wenn die Eltern dagegen wenig oder gar überhaupt kein Interesse an der Bildungskarriere ihrer Kinder zeigen, sei es mangels hinreichendem eigenem Bildungshintergrund, sei es aus Gleichgültigkeit und Teilnahmslosigkeit, so wirkt das demotivierend auf den Nachwuchs und gefährdet sogar den Lernerfolg in der betreuungsintensiven Ganztagsschule.

Ähnliche Erwägungen gelten auch für die Bemühungen um die berufliche Qualifizierung von Jugendlichen ohne Schulabschluss. Dazu Wolfgang Edlinger, Diplompädagoge und Vorsitzender der saarländi-

---

34 Vgl. Markus Promberger: Hartz IV im sechsten Jahr, in: Aus Politik und Zeitgeschichte (APuZ) Nr. 48 (2010), S. 11.

schen Armutskonferenz: »Man muss den Eltern bewusst machen, um was es geht. Ohne die Eltern einzubeziehen, gelingt heute wenigen eine Ausbildung, die die Integration in die Arbeitswelt ermöglicht. Man muss genau abfragen, wie weit die Eltern mitziehen, man muss das sonstige Umfeld kennen, und dann – wenn erforderlich – gezielte Maßnahmen ergreifen. Wenn die Eltern Hartz-IV-Empfänger sind und die Jugendlichen morgens nicht aufstehen, um zur Schule oder zur Arbeit zu gehen, dann muss der Sozialarbeiter eben jeden Morgen anrufen. Solange bis es klappt. Und wenn es nicht klappt, dann muss man den betroffenen Jugendlichen ermutigen, sich zu Hause abzukoppeln und ihm auch praktisch dabei helfen. Da muss man überlegen, wie kann ich die Betroffenen stützen, dass sie die Kraft dazu aufbringen.«

Auch insoweit wird deutlich, wie nützlich die Unterstützung des Elternhauses für eine erfolgreiche Bildungskarriere auch benachteiligter Jugendlicher ist. Eine besonders wichtige Voraussetzung dafür ist, dass zumindest ein Elternteil einer geregelten bezahlten Berufstätigkeit nachgeht. Auch deswegen kann es nicht hoch genug bewertet werden, dass Mittel und Wege gefunden werden, die Misere der Langzeitarbeitslosigkeit gezielt und nachhaltig zu mildern, besser noch ganz zu beenden.

Im Jahre 2008 schafften es rund 28.600 junge Menschen nicht, über das Regelsystem der Grund- und Sekundarschulen einen Hauptschulabschluss zu erreichen. Wenn somit im Jahre 2008 etwa 7,5 Prozent der Jugendlichen eines Jahrgangs keinen berufsqualifizierenden Abschluss erreichen, dann ist das zweifellos ein beklagenswertes Versäumnis unseres allgemeinbildenden Schulsystems. Allzu viele Bildungsreformen der letzten Jahrzehnte haben sich im Wesentlichen auf organisatorische und strukturelle Maßnahmen beschränkt und eines sträflich vernachlässigt: die berufsbegleitende Aus- und Weiterbildung der Lehrkräfte, die für erfolgreiche Pädagogik und die Förderung junger Menschen von ausschlaggebender Bedeutung ist. Umso wichtiger ist die bereits eingeforderte pädagogisch-didaktische und organisatorische Optimierung des gesamten Bildungssystems. Es muss noch einmal bekräftigt werden: Nur im Rahmen ganztätiger Beschulung und mit berufspraktischen Motivations- und Lernanreizen kann es gelingen, alle Schulkinder zu einem ihren persönlichen Fähigkeiten und Bedürfnissen entsprechenden Bildungsabschluss zu führen – das ist die entscheidende Schwelle zum erfolgreichen Start in eine berufspraktische Ausbildung und damit auch zur Überwindung von Armut und Daueralimentation.

Von welch überragender Bedeutung die Förderung im Rahmen der pflichtschulischen Bildung ist, wird auch deutlich, wenn man sich vor Augen führt, was die Einführung des unzweifelhaft sinnvollen und vernünftigen Rechtsanspruchs auf Nachholung des Hauptschulabschlusses gebracht hat. Erste Praxiserfahrungen zeigen nämlich, dass die Bereitschaft der anspruchsberechtigten jungen Erwachsenen (bis 25 Jahre), wieder die Schulbank zu drücken, recht bescheiden ausfällt. Von rund 114.000 Teilnehmern an berufsvorbereitenden Maßnahmen strebten lediglich 14.965 (13,12 %) einen Hauptschulabschluss an, aber nur 6.122 (5,37 %) legten die Prüfung erfolgreich ab.

Deutlich effizienterer ist offenbar die berufsorientierte vollzeitschulische Ausbildung im Berufsvorbereitungsjahr. Dort erreichten 2008 immerhin 15.699 Schülerinnen und Schüler den Hauptschulabschluss. Als ernüchterndes Fazit bleibt jedenfalls festzuhalten, dass eine große Zahl junger Erwachsener den mit nachholender Schulbildung angestrebten Abschluss nicht erreicht. Die Jugendlichen, die sich der Teilnahme an den Kursen verweigerten oder den Abschluss nicht schafften, bleiben somit im »Tal der Tränen« und vermehren wieder das Millionenheer der nicht vermittelbaren ALG-II-Langzeitleistungsempfänger. Die unhaltbar hohen und wahrhaft skandalösen Quoten an Schulabbrechern, die unser Bildungssystem hinterlässt, offenbaren schonungslos dessen gravierende Mängel. Diese Situation für die Zukunft gezielt und zügig zu verbessern, ist im Interesse der nachwachsenden Generationen unabweisbar notwendig.

Die Optimierung unseres Bildungssystems im Sinne präventiver Arbeitsmarktpolitik hat demnach einen hohen Stellenwert. Ganztagsschulen und vernünftige Betreuungsverfahren für Kinder aus bildungsfernen Schichten und Familien mit Migrationshintergrund werden allerdings im Vergleich zur heutigen Bildungslandschaft deutlich höhere Kosten zur Folge haben. Volkswirtschaftlich betrachtet handelt es sich dabei jedoch um nachhaltig lohnende Zukunftsinvestitionen, die angesichts der dramatischen demografischen Entwicklung in Deutschland dringend geboten sind. Die grundlegende Verbesserung unseres Bildungssystems ist fraglos eine Zukunftsaufgabe, die nicht auf die lange Bank geschoben werden darf. Aber effektive Erfolge können damit nur für die jungen Heranwachsenden erreicht werden.

Wer jedoch die normalen Bildungswege erfolglos beschritten hat und somit auf dem Holzweg der Langzeitarbeitslosigkeit ist, braucht andere Wege, um beruflich wieder Anschluss zu gewinnen. Und wer wie die meisten Langzeitarbeitslosen nicht nur Ausbildungsdefizite, sondern auch psychisch Schaden genommen hat und zudem sozial isoliert ist, braucht besondere Zuwendung und neue Aktions- und Beschäftigungsfelder. Das ist nur über einen sogenannten »Dritten Arbeitsmarkt« möglich.

23 Wege aus dem sozialen Abseits

Aufgrund der absehbaren Bevölkerungsentwicklung ist mit einer weiter voranschreitenden Umkehr der Bevölkerungspyramide zu rechnen. Der Anteil der nachwachsenden Generationen an der Gesamtbevölkerung wird dramatisch abnehmen. Die Lebenserwartung steigt und folglich wird das verfügbare Angebot an Arbeitskräften tendenziell sinken. Alle Prognosen machen deutlich, dass unser Land schon heute und künftig noch deutlich mehr auf Zuwanderung angewiesen sein wird. Aber der Zustrom ausländischer Arbeitskräfte – und darin sind sich alle Experten einig – wird kein Allheilmittel sein. Nur über diesen Weg ist der absehbare Mangel an Fachkräften in Wirtschaft und Verwaltung nicht abzudecken. Deswegen drängt es sich auf, alles daran zu setzen, die endogenen Potenziale, die »stillen Reserven des Arbeitsmarkts« gezielt auszuschöpfen. Neben den noch unterdurchschnittlich erwerbstätigen Frauen sind dies ganz eindeutig die Langzeitarbeitslosen und alle Hartz-IV-Empfänger, die – gleichgültig ob in Teilzeit oder in ganztägiger Beschäftigung – an den ersten Arbeitsmarkt herangeführt werden sollten. Dabei müssen alle denkbaren und wirtschaftlich vertretbaren Möglichkeiten ausgereizt werden. Der Abbau der strukturellen Langzeitarbeitslosigkeit ist deswegen am Ende schlicht und einfach ein Gebot realpolitischer Vernunft.

24 Die Bundesagentur kann durchaus auf Erfolge verweisen

Es wurde vorausgehend bereits ausführlich gewürdigt, in welchen Bereichen die Bundesagentur für Arbeit nach den Arbeitsmarktreformen des ersten Jahrzehnts des 21. Jahrhunderts erfolgreich gewirkt hat. Schon aus Effizienzgründen ist es nachvollziehbar, dass sich die Arbeitsvermittler in erster Linie darum kümmern, drohende Arbeitslosigkeit durch gezielte Vermittlung zu verhindern. Aber bedeutet das, dass Qualifizierungsmaßnahmen für Langzeitarbeitslose von vornherein und systemimmanent als aussichtslos bezeichnet werden müssen?

25 Hilfe zur Arbeit als gezielte Vorbereitung zur Vermittlung in den regulären Arbeitsmarkt.

Wie bereits mehrfach betont, ist das Haupthindernis für die Vermittlung im ersten Arbeitsmarkt, insbesondere bei den Langzeitarbeitslosen, mangelnde theoretische und berufliche Qualifikation. Aber das ist es nicht allein. Es gibt weitere Probleme. Wer über längere Zeit nicht mehr einer geregelten Arbeit nachgeht, kommt nach und nach aus dem normalen Lebens- und Arbeitsrhythmus. Das Selbstwertgefühl nimmt Schaden und die Normalität des geordneten Tagesablaufs verliert zunehmend an Bedeutung. Warum noch morgens zeitig aufstehen, wenn kein »Programm« ansteht? Wozu wird man überhaupt noch gebraucht? Wichtige Sekundärtugenden wie Disziplin, Fleiß und Zuverlässigkeit sind dann kaum noch gefragt und drohen, ganz auf der Strecke zu bleiben. Und irgendwann büßen diese Arbeitslosen die grundlegende Fähigkeit ein, einer Beschäftigung nachzugehen. Sie sind mit den bewährten normalen Methoden der Arbeitsvermittlung in den Jobcentern nicht mehr vermittlungsfähig für den ersten Arbeitsmarkt. Faktisch werden sie nur noch verwaltet und finanziell alimentiert.

Was ist da zu tun? Welche Strategien haben Aussicht auf Erfolg?

Natürlich kann man auch solchen Menschen eine Arbeit anbieten, die ihren intellektuellen und körperlichen Fähigkeiten prinzipiell gerecht wird. Und wenn sie auf diese Angebote nicht reagieren, kann man ihnen mit den gesetzlich vorgesehenen Sanktionen drohen, ihnen, wenn sie auch dann nicht reagieren, die Bezüge kürzen. Und das wird durchaus auch praktiziert. Die durch Sanktionen und Druck erzielten Erfolge fallen allerdings bescheiden aus. Was aber soll geschehen, wenn – allen Bemühungen zum Trotz – alle Vermittlungsversuche scheitern? Mit finanziellen Sanktionen kommt man letztlich nicht zum Ziel. Denn diese werden bekanntlich seit Jahren verhängt, ohne dass der harte Sockel Langzeitlosigkeit abgetragen worden wäre.

Das Problem stellt sich sogar verschärft und nachdrücklich vor dem Hintergrund der Rechtsprechung des Bundesverfassungsgerichtes, das ein unveräußerliches Recht auf das Existenzminimum postuliert hat. Fühlbare Kürzungen der ALG-II-Bezüge kommen danach allenfalls für befristete Zeiträume von überschaubarer Dauer in Betracht. Bei jungen Erwachsenen könnten solche Kürzungen noch zu verkraften sein, etwa wenn und soweit sie die Hilfe ihrer Eltern in Anspruch nehmen können. Bei Erwachsenen sind den Kürzungen wegen des garantierten Existenzminimums enge Grenzen gesetzt. Zulässig ist zwar die Vergabe von Lebensmittelgutscheinen anstelle von Geldzuwendungen. Aber diese häufig als Demütigung und Diskriminierung empfundene Maßnahme kann den finanziellen Aufwand allenfalls unerheblich reduzieren, verursacht zusätzliche bürokratische Mühen und wird von den Leistungsbeziehern oft ausgehebelt.

Alles in allem bewirken solche Sanktionen wenig mit Blick auf Vermittlung in den ersten Arbeitsmarkt. Es bleibt dabei, dass nachhaltiger Erfolg nur möglich ist, wenn die hilfsbedürftigen Arbeitslosen nachhaltig motiviert werden, den Weg zu geregelter Beschäftigung freiwillig einzuschlagen und wenn sie die Zuversicht gewinnen, wieder »auf eigenen Beinen stehen« und ein selbstbestimmtes Leben mit wieder intaktem Selbstwertgefühl führen zu können.

Diplom-Betriebswirt Wilfried Hose, der in verschiedenen Aufgabenbereichen und Funktionen in Arbeitsämtern als stellvertretender Geschäftsführer der ARGE Saarbrücken und zuletzt als Geschäftsführer im Jobcenter Saarbrücken tätig war, spricht als anerkannter Experte der Hartz-IV-Problematik aus langjähriger Erfahrung:

»Ich habe immer die Auffassung vertreten, dass alle arbeitsmarktpolitischen Eingliederungsmaßnahmen nur dann einen Mehrwert bringen, wenn die Akzeptanz bei allen Beteiligten auf hohem Niveau gegeben ist. Zum Beispiel das mit Mitteln aus dem Europäischen Sozialfonds geförderte Modellprojekt ›Grüne Insel Kirchberg‹. Im sozialen Brennpunkt Saarbrücken-Malstatt. Eine wesentliche arbeitsmarktpolitische Komponente dieses Modellprojektes ist die Beteiligung arbeitsloser Menschen an der baulichen Umsetzung in ihrem Wohnumfeld. Dem Jobcenter Saarbrücken ist es gelungen, Menschen aus Malstatt für eine Beschäftigungs- und Qualifizierungsmaßnahme zu begeistern. Über ein mehrsprachiges Faltblatt wurde zur Mitarbeit bei dem Projekt aufgerufen. Über 50 Freiwillige hatten Interesse an dem nicht alltäglichen Jobangebot. Aus dieser Gruppe wurden die 15 Motiviertesten für die Teilnahme an der Maßnahme ausgewählt. Aber auch alle anderen Interessierten erhielten im räumlichen Umfeld von der ARGE eine Arbeitsgelegenheit, damit niemand leer ausgeht und gleichzeitig eine Belohnung für ihr Engagement. Für die arbeitslosen Jugendlichen des Stadtteils wurden über das Projekt Beschäftigungs- und Weiterqualifizierungsmöglichkeiten geschaffen. Ziel war, die Jugendlichen aktiv in die Gestaltung einzubinden, um ihr Bewusstsein für den Wert der Freizeiteinrichtungen über das eigene Tun zu schärfen und die Identifikation mit dem Umfeld zu stärken. Zum anderen sollten die Jugendlichen, oft mit Migrationshintergrund, Ausbildungsplätze bekommen.«

26 Man braucht einen langen Atem und einen völlig neuen Ansatz

Es steht außer Frage, dass es die unterschiedlichsten Gründe gibt, die eine Vermittlung längerfristig Arbeitsloser erschweren oder im Wege stehen. Wer den Mut verloren und sich in den privaten »Schamwinkel« zurückgezogen hat, dessen persönliche Ausgangsposition muss zunächst in intensiven Gesprächen analysiert werden. Es bedarf nachhaltigen motivierenden Zuspruchs, um »aus dem Loch« herauszukommen und neuen Mut zu schöpfen für eine Rückkehr in den normalen Alltag. Es geht darum herauszufinden, welche individuellen Stärken, welche entwickelbaren Potenziale in den »aus dem System gefallenen« arbeitslosen hilfebedürftigen Menschen ruhen. Irgendwelche Fähigkeiten und nützliche Eigenschaften schlummern in jedem Menschen. Diese gilt es aufzuspüren als Basis für mögliche Beschäftigungsfelder. Nur wer den

Sinn eines neuen Anfangs erfasst, kann sich auch motivieren lassen, verloren gegangene »Sekundärtugenden« wie Pünktlichkeit, Zuverlässigkeit und Fleiß, wieder als Wert zu erkennen und zu erleben und dann auch im täglichen Leben wieder zu praktizieren. Dazu braucht man sozialpsychologisch geschulte Motivationsspezialisten und Betreuungsdienste, die intensiv und zielgerecht mit den Betroffenen arbeiten. In die Jobcenter einbestellen, nur um immer wieder festzustellen, dass für die zu Vermittelnden (ohnehin) kein geeigneter Job vorhanden ist, bringt überhaupt nichts und ist nur frustrierend – sowohl für das Vermittlungspersonal als auch für die Arbeitslosen. Man simuliert nur noch Betreuung und Aktivierung für die Statistik und ändert an der Lebenssituation überhaupt nichts.

Ganz entscheidend ist, wie Peter Hartz in seinem Projekt »Minipreneure« zutreffend deutlich gemacht hat: Es muss unbedingt und vor allem gelingen, die Antriebskräfte der arbeitslosen Hilfebedürftigen nachhaltig zu mobilisieren. Es geht in dem Projekt vornehmlich darum, Antriebskräfte neu zu entfachen und das Selbstwertgefühl zu stärken, Mut zu machen, die eigenen vier Wände zu verlassen, soziale Kontakte neu zu knüpfen, die aus seelischer Not entstandene Isolation zu überwinden. Das dürfte in aller Regel nur möglich sein, wenn Mittel und Wege gefunden werden, die Betroffenen in ihrem unmittelbaren Lebensumfeld anzusprechen. Da muss man Geduld und Einfühlungsvermögen mitbringen, die Menschen erst einmal empathisch erreichen und Zugang zu ihnen finden und persönliches Vertrauen aufbauen. Behutsam und schrittweise vorzugehen, verspricht weitaus mehr Erfolg als Druck auszuüben oder mit Sanktionen zu drohen. Wer nichts mehr zu verlieren hat, ist damit meist nicht zu beeindrucken. Es gilt deswegen, Mittel und Wege zu finden, wie man Menschen mit existenzieller Problematik gezielt helfen kann.

Es geht nicht zuletzt darum, die in jedem Menschen schlummernden Talente, die persönlichen Neigungen und Vorlieben herauszufinden, denn diese sind wesentlich und entscheidend dafür, verschüttetes und verloren gegangenes Selbstvertrauen zu wecken und nach und nach zu stärken. So können Mut und Zuversicht wachsen, um die wieder ins Bewusstsein gerückten Talente aktiv zu nutzen und eine neue berufsorientierte Perspektive zu erlangen. Das ist der erste und wichtigste Schritt zum Beginn einer neuen beruflichen Perspektive. Bei einfühlsamem Vorgehen der Schulungskräfte sollte es auch möglich sein, die für jede geregelte Beschäftigung wichtigen Sekundärtugenden Pünktlichkeit, Disziplin und Arbeitseinsatz ins Bewusstsein zu rücken und in praktischer Erprobung nach und nach wieder einzuüben. Dabei empfiehlt es sich, in verkraftbaren kleinen Schritten voranzugehen, die das Selbstbewusstsein festigen. Über behutsame Schulungen, gezielte individuell ausgerichtete Trainingsmaßnahmen und intensiv betreute Praktika sollte dann der Weg in eine reguläre Ausbildung geebnet werden.

Wolfgang Edlinger, der 25 Jahre lang Leiter der Jugendhilfe des SOS-Kinderdorf-Vereins in Saarbrücken war und jetzt Vorsitzender der Saarländischen Armutskonferenz ist, beschreibt diese Problematik bei Jugendlichen ohne Berufsabschluss. »Es hat sich gezeigt, dass Jugendliche, die mit schwierigen Startbedingungen zu kämpfen haben, nicht linear in das Berufsleben einsteigen können, weil sie die dafür notwendige Qualifizierung nicht haben. Sie brauchen eine überbetriebliche Ausbildung, damit die Umstellung in das betriebliche Arbeitsverhältnis gelingen kann. Wichtig ist, dass sie in einer wirklich qualifizierten Ausbildungsstätte, auch in einem sozialen Umfeld, wo sich ein Meister um sie kümmert, ihren Berufsweg beginnen können. Wichtig ist auch, dass die Ausbildung unter Umständen nicht in einem Betrieb, sondern in einer außerbetrieblichen Ausbildungsstelle absolviert werden kann. Hat man eine Ausbildung dort absolviert, ist es leichter, auch eine betriebliche Anstellung zu finden. Um es noch einmal zu sagen: Die Ausbildung ist für die jungen Leute wichtig. Aber sie müssen auch eine Steuerung haben, um den Weg zu finden. Sie müssen geleitet werden. Sie müssen einen Ansprechpartner haben, der hilft und vermitteln kann, wenn es Probleme gibt. Auch diese, nennen wir sie ruhig Paten, die die Jugendlichen fachlich fördern und helfen, brauchen Unterstützung, wiederum von anderem, die Verständnis für die sonstigen Probleme dieser Jugendlichen aufbringen und beraten können. Oft es ja so, dass man helfen will, aber dann enttäuscht ist, wenn es nicht klappt. Das kann man lösen, wenn man sowohl die fachliche Ausbildung als auch psychisch-soziale Betreuung und Beratung der Jugendlichen sicherstellt.«

ALG-II-berechtigte Hilfsbedürftige konnten neben vielfältigen Trainingsmaßnahmen in den letzten Jahren weitere Eingliederungshilfen wie Ein-Euro-Jobs und gemeinnützige Bürgerarbeit in Anspruch nehmen. Das sind praktische Erprobungsfelder für die Wiedereingliederung in den Arbeitsmarkt. Nicht vermittelbare Arbeitnehmer konnten auf diesem Wege in ausgewählten Bereichen zusätzlich zu ALG II eine stundenweise Vergütung in Arbeitsgelegenheiten von etwas mehr als einem Euro verdienen oder anstelle von Hartz IV als Bürgerarbeiter eine Entlohnung von Bürgergeld von 900 Euro monatlich zu erzielen als Gegenleistung für 130 Arbeitsstunden bei gleichzeitiger Übernahme der gesamten Sozialversicherungskosten durch die Jobcenter. Die Beschäftigung in den als Ein-Euro-Jobs etikettierten Arbeitsgelegenheiten musste jedoch »zusätzlich« sein, das heißt, sie durfte reguläre Arbeitsplätze im ersten Arbeitsmarkt nicht ersetzen, sie musste wirtschaftsneutral und im öffentlichen Interesse sein und ist auf den Zeitraum eines halben Jahres begrenzt. Im Interview mit Dieter Gräbner bezifferte Heinrich Alt, Vizepräsident der Bundesagentur für Arbeit, die Zahl der Ein-Euro-Jobs für Langzeitarbeitslose auf rund 150.000.

Alt: »Die Idee, die hinter (solchen Maßnahmen der Arbeitsmarktförderung) steckt, ist, Menschen auf einem Ersatzarbeitsmarkt zu trainieren, um sie wieder an den regulären Arbeitsmarkt heranzuführen. Es gibt ja in der Historie der Arbeitsmarktpolitik viele Ansätze dieser Art. Lange Zeit waren das zum Beispiel die Arbeitsbeschaffungs- oder Strukturanpassungsmaßnahmen. Die gibt es mittlerweile nicht mehr.« Bürgerarbeit sei im Übrigen, so Alt, von Ministerin von der Leyen ursprünglich für 30.000 Hartz-IV-Empfänger angedacht worden. Aber diese Größenordnung wurde bei Weitem nicht erreicht. Inzwischen sind Ein-Euro-Jobs und Bürgerarbeit praktisch ad acta gelegt. Heinrich Alt verweist zwar darauf, dass die Jobcenter über Budgets verfügten; ob und inwieweit sie diese Mittel für Arbeitsförderung tatsächlich einsetzen, sei allein ihre Sache: »Ich habe nicht die Möglichkeit, einem Jobcenter in Saarbrücken zu sagen: Mach mal mehr oder weniger Ein-Euro-Jobs, oder mach mal mehr oder weniger Bildung oder weniger Berufsvorbereitung! Das möchte ich auch nicht. Arbeitsmarktpolitik wird vor Ort entschieden.« Und wie sieht das in der Praxis aus? Dazu Wilfried Hose, Leiter des Jobcenters Saarbrücken und Fachmann für Hartz IV, im Interview mit Dieter Gräbner: »Es ist jedem Jobcenter freigestellt, das arbeitsmarktpolitische Budget schwerpunktmäßig einzusetzen. Wenn aber eine Kürzung des Budgets beklagt wurde, ist folgender Umstand umso bizarrer: Die Jobcenter haben zum 31. Dezember 2011 rund 500 Millionen Euro an den Bundesfinanzminister für nicht verbrauchte Eingliederungsmittel zurückgegeben.« Wiederum Heinrich Alt: »Wir haben mit den Jobcentern eine Zielvereinbarung, die wir regelmäßig nachhalten. Da ist aber nicht vereinbart, wie viel für Ein-Euro-Jobs oder wie viel für Weiterbildungen eingesetzt werden müssen, sondern die Zielvereinbarung bezieht sich auf die Frage: Wie viel Geld gebt ihr aus für passive Leistungen? Je weniger Geld für passive Leistungen ausgegeben wird, umso besser wurde vor Ort gearbeitet, umso mehr Menschen wurden in Ausbildung und Arbeit vermittelt. Der zweite Punkt ist die Zahl der Integrationen. Wir fragen: Wie viel Menschen konntet ihr in den Ausbildungs- und Arbeitsmarkt integrieren? Und der dritte Punkt der Zielvereinbarung bezieht sich auf den Abbau der Langzeitbezieher. Und über diese Fragen reden wir mit den Geschäftsführern der Jobcenter.«

27 Die Praxis Bundesagentur: Konzentration auf kurzfristige Erfolge bei der Vermittlung in den ersten Arbeitsmarkt

Die Ausführungen des Grundsicherungsgeschäftsführers der Bundesagentur machen eindeutig klar, dass die offizielle Arbeitsmarktpolitik zwar ein Instrumentarium zur Arbeitseingliederung im Sinne der Hilfe zur Arbeit zur Verfügung gestellt hat, aber ausschließlich mit dem Ziel der raschen Vermittlung in den ersten Arbeitsmarkt.

Bestärkt wird Heinrich Alt durch die Fundamentalkritik des Bundesrechnungshofes, der in einer ausführlichen Stellungnahme im Jahre 2010 die Praxis der Ein-Euro-Beschäftigungsverhältnisse sehr kritisch beurteilte. In der Gesamtwürdigung der Vermittlungsarbeit der Behörde wird insbesondere angeprangert, dass die Grundsicherungsstellen, vor allem diejenigen unter kommunaler Trägerschaft, Mitnahmeeffekte zugelassen hätten und sich laxen Umgang bei der Prüfung der gesetzlichen Kriterien (Zusätzlichkeit, öffentliches Interesse, Wirtschaftsneutralität) vorwerfen lassen müssten. Vor allem kreidet der Bundesrechnungshof an, dass viel zu wenig darauf geachtet werde, ob die jeweilige Maßnahme dem Abbau individueller Vermittlungshemmnisse mit Blick auf den ersten Arbeitsmarkt dient. Der Rechnungshof empfiehlt seinerseits, insbesondere zur Vermeidung unnötigen Verwaltungsaufwands, künftig auf die gesetzlichen Kriterien »Zusätzlichkeit, öffentliches Interesse und Wirtschaftsneutralität« zu verzichten. Er fordert aber gleichzeitig mit Nachdruck die verschärfte Konzentration der Maßnahmen auf die Überwindung individueller Hemmnisse für die Beschäftigung im regulären Arbeitsmarkt. Der Bundesrechnungshof folgt damit seiner gesetzlichen Aufgabe, die Wirtschaftlichkeit der Verwendung von Steuermitteln und die Einhaltung gesetzlicher Vorschriften zu prüfen. Unabhängig davon stehen jedoch die Sinnhaftigkeit und die Effizienz der Arbeitsmarktförderung insgesamt auf dem Prüfstand. Wie immer man das Handeln der Bundesagentur für Arbeit und der Jobcenter beurteilt, so ist in jedem Fall doch nachvollziehbar, dass die kritisierten Maßnahmen im Ergebnis unstreitig zu mehr Beschäftigung geführt und damit Menschen in einer schwierigen persönlichen Lage geholfen haben. Interessant und bemerkenswert ist allerdings auch, dass der Bundesrechnungshof einerseits vorschlägt, auf nutzlosen bürokratischen Verwaltungsaufwand bei der Prüfung einzelner Kriterien für die Zulassung von Ein-Euro-Verträgen zu verzichten, und im selben Atemzug fordert, den Prüfungsaufwand für die Prognose der »Überwindung individueller Hemmnisse für die Vermittlungsfähigkeit« drastisch zu erhöhen. Das ist unter dem Blickwinkel der Effizienz für die erfolgreiche Begleitung von Arbeitslosen in den ersten Arbeitsmarkt jedoch nachvollziehbar und sinnvoll.

28 Für die meisten Langzeitarbeitslosen gibt es keine Aussicht auf Beschäftigung: Sie werden nur verwaltet

Der Bundesrechnungshof kann letztendlich nicht an dem Faktum vorbei, dass wir in Deutschland rund 4,5 Millionen beschäftigungslose ALG-II-Berechtigte zu beklagen haben. Dieses Problem harrt einer Lösung, die bei den Betroffenen auf Akzeptanz stößt und ihren Bedürfnissen Rechnung trägt. Das ist, ungeachtet der – mit Blick auf die präzise Zielsetzung erfolgreicher Vermittlung in den ersten Arbeitsmarkt – nachvollziehbaren Kritik des Rechnungshofes nur möglich, wenn auf eben diese Zielsetzung gesetzlich verzichtet wird und die sachlichen und zeitlichen Grenzen für Ein-Euro-Jobs ersatzlos entfallen. Folgt man dem nicht, so wird die Hoffnung motivierter Menschen auf dauerhafte Linderung ihrer Arbeitslosigkeit zunichtegemacht.

Dieser klare Befund hat die Bundesregierung nach Abschaffung der Arbeitsbeschaffungsmaßnahmen und dem Zusammenstreichen der Fördermittel für Qualifizierungsmaßnahmen für Langzeitarbeitslose nicht davon abgehalten, auch das Förderprogramm der Bürgerarbeit trotz zahlreicher Proteste und Petitionen Ende 2014 zu beenden.

Quasi als Ersatz hat Arbeitsministerin Nahles laut Frankfurter Allgemeine Zeitung vom 6. November 2014 mit Aplomb ein neues »Paket für die schwer vermittelbaren Langzeitarbeitslosen« angekündigt. Als Kernelement sind Lohnkostenzuschüsse und eine »spezielle Betreuung« durch Jobcenter einschließlich persönlicher Coachings vorgesehen, wofür in den Jobcentern rund 1.000 Stellen eingesetzt werden sollen, die eigentlich zum Wegfall vorgesehen waren. Ziel ist, 33.000 gering qualifizierte Langzeitarbeitslose mit Lohnkostenzuschüssen von 75 Prozent in reguläre Beschäftigung zu bringen und außerdem 10.000 Menschen, die keine Chance auf Vermittlung in den ersten Arbeitsmarkt haben und zudem gesundheitlich beeinträchtigt sind, im öffentlichen Bereich unterzubringen. Als dritte Säule ist geplant, in den circa 400 Jobcentern »Aktivierungszentren« einzurichten, wo sich Mitarbeiter mit speziellem Knowhow um individuelle soziale psychische und gesundheitliche Probleme, mangelnde Schul- und Berufsausbildung der Langzeitarbeitslosen kümmern sollen. Für dieses Programm soll ab 2015 rund eine Milliarde Euro mobilisiert werden.

Mit Ihren Plänen ist die Arbeitsministerin sogleich auf Kritik gestoßen. Von sinnlosem »Programm-Hopping« war die Rede und es fehlte auch nicht der zutreffende Hinweis, dass von den angekündigten Maßnahmen nur 2,5 Prozent der Betroffenen profitieren können und der Rest weiterhin von der Teilhabe an Arbeit ausgeschlossen bleibt. Das kann man nur unterstreichen. Man fragt sich, was die Menschen denken sollen, die bisher zufrieden in Ein-Euro-Jobs und in Bürgerarbeit beschäftigt waren. Der Hinweis auf möglicherweise größere Effizienz der neuen Maßnahmen kann angesichts dieser Herumschubserei nur mit Unverständnis quittiert werden.

Es soll zwar durchaus anerkannt werden, dass die Zielsetzung richtig ist, die soziale und psychische Not der Langzeitarbeitslosen mit Coaching-Maßnahmen zu lindern. Aber alles in allem ist dieses Angebot nur der berühmte Tropfen auf den heißen Stein. Darauf wird später noch einzugehen sein.

Und vor diesem Hintergrund bleibt nur, als betrübliches Fazit festzuhalten, dass die Langzeitarbeitslosigkeit als Grundsatzproblem und Ausschussware unserer wohlhabenden Gesellschaft von der Politik ohne Empathie ungerührt und nachgerade zynisch hingenommen wird.

So räumt Heinrich Alt denn auch klarsichtig ein: »Die vielen Begriffe für die gleiche Idee (der Maßnahmen zur Arbeitsmarktförderung, Anmerkung des Verfassers) zeigen, dass wir das Problem der dauerhaften Integration der Langzeitarbeitslosen noch nicht gelöst haben.« Es klingt schließlich wie ein Offenbarungseid, wenn Alt etwas resigniert feststellt: »Nach langer Erfahrung mit den vielen Programmen, die wir schon gemacht haben, mit ABM, mit Ein-Euro-Jobbern, mit Bürgerarbeit – das alles hat nie die Lösung gebracht, die wir eigentlich gebraucht hätten.«

Und was soll es den Dauerarbeitslosen nützen, wenn Alt beteuert: »Deswegen ist meine Idee: Wir suchen eine Lösung am ersten Arbeitsmarkt. Auch dort werden Reinigungskräfte und andere gesucht. In der Altenpflege werden händeringend Fachkräfte gesucht. Wenn eine Langzeitarbeitslose als Pflegekraft eingestellt wird, können die Jobcenter befristet Zuschüsse zum Lohn zahlen. Es kommt aber darauf an, welche Defizite jemand aufgrund längerer Arbeitslosigkeit mitbringt. Etwas Ähnliches könnte ich mir bei Menschen vorstellen, die objektiv und dauerhaft in ihrer Produktivität eingeschränkt sind. Dann aber als langfristigeren Zuschuss an Unternehmen.«

Zusammenfassend kann man festhalten, dass die bisher von der Bundesagentur und den Jobcentern praktizierten und avisierten Maßnahmen zur Arbeitsmarktförderung nützliche Instrumente zur Linderung der Arbeitslosigkeit darstellen. Aber im Ergebnis ist das alles in Bezug auf Langzeitarbeitslose letztlich Stückwerk. Deren Probleme können in gewissem Umfang gelindert werden. Der feste Firnis der Langzeitarbeitslosigkeit wird nämlich im Wesentlichen und im Kern unverändert bleiben. Es ist, als verdunkelte eine große schwarze Wolke den strahlenden Himmel unseres viel gerühmten Sozialstaats.

29 Soll man sich mit der Langzeitarbeitslosigkeit abfinden?

Andererseits: Muss man nicht einfach resignieren und die Segel streichen? Richten sich viele Betroffene nicht ohnehin auf ihre Lage ein und leben halt von der Stütze? Sollte man das nicht schlicht akzeptieren?

Bei aller Skepsis können und dürfen diese Fragen nicht bejaht werden, wenn man die schlimmen Folgen für das Selbstwertgefühl der Betroffenen bis hin zur Depression und die zunehmend reduzierte gesellschaftliche Teilhabe bis hin zur Präklusion nicht zynisch hinnehmen will. Die RAP-Gruppe »Social Security« hat diese Problematik in ihrem Hartz-Song aufs Korn genommen und wirft unserer Gesellschaft vor, durch Gleichgültigkeit ihre eigene Zukunft zu verbauen. Man kann sich das im Internet anschauen und anhören bei YouTube unter »Hartz IV – der Song«. Betrüblicherweise handelt die offizielle Politik nach dem Muster »vergessen, verdrängen, vertagen«. Trotz gegenteiliger Beteuerungen hat man sich mit deutlich mehr als einer Million Langzeitarbeitslosen abgefunden. Das ist im Ergebnis eine absolut inakzeptable Bankrotterklärung, die man einem Staat, der sich in seiner Verfassung zu dem Begriff »sozial« ausdrücklich bekennt, nicht durchgehen lassen kann.

30 Arbeit gibt es genug – aber niemand scheint sie bezahlen zu wollen

Wenn wir uns in unseren Städten umsehen, stellen wir fest: Da wäre manches zu tun. Vieles bleibt liegen. Ganze Stadtteile sind total heruntergekommen. Oder wie sieht es in unseren Altenheimen aus, wo die Arbeit der Pflegekräfte auf die Stoppuhr abgerichtet ist? Das Pflegepersonal könnte Unterstützung gut gebrauchen. Und in unseren Schulen fehlt das Personal, um die Gebäude und deren Umfeld in Schuss zu halten, Schulgärten einzurichten oder die Schüler bei den Hausaufgaben zu unterstützen. In der Privatwirtschaft sind zahlreiche einfache Arbeitsplätze wegrationalisiert worden. Arbeit, die Betriebe oder öffentliche Behörden weder bezahlen wollen noch können, gibt es in Hülle und Fülle. Dazu Heinrich Alt von der Bundesagentur für Arbeit im Interview mit Dieter Gräbner:

»Ich habe 30 Jahre Dritter Arbeitsmarkt hinter mir. Was wir gemacht haben, war nicht alles verkehrt. Den Menschen hat es häufig Freude gemacht und ihr Selbstbewusstsein gestärkt. Wir haben im Saarland Radwege ausgezeichnet, wir haben Wanderwege und Spielplätze saniert. Es waren Projekte, von denen wir begeistert waren, weil wir sagten: Das sind Aufgaben, die nützlich sind und der Allgemeinheit dienen. Wenn man sich heute fragt, ob das wirklich geholfen hat, muss ich ernüchternd sagen: Es hat nicht geholfen, eine relevante Zahl von Menschen dauerhaft aus einem Transferbezug herauszubringen.« Und er räumt auch ein: »Sie haben völlig Recht, wenn Sie sagen, es gibt in dieser Gesellschaft viele Aufgaben, die man erledigen müsste, die aber nicht erledigt werden. Da müsste man sich Gedanken darüber machen, wie organisiert man das, und wer stellt die Mittel dafür zur Verfügung?« Im gleichen Atemzug fügt Alt hinzu: »Die Menschen wollen im Übrigen auch nicht in einem Ersatzarbeitsmarkt beschäftigt sein. Sie wollen im ersten Arbeitsmarkt beschäftigt werden. Sie wollen etwas machen, was einen Wert hat, was bezahlt wird.«

Aber nichts führt daran vorbei, dass die gewinnorientierte Privatwirtschaft (Verzinsung des eingesetzten Kapitals) für reguläre und produktive Arbeitsplätze verständlicherweise nur fachlich qualifiziertes Personal einstellt. Die allermeisten arbeitsfähigen ALG-II-Empfänger kommen dafür erfahrungsgemäß nicht infrage und bleiben insoweit chancenlos, weil sie mangels beruflicher Fachkenntnisse und Fertigkeiten diesen Anforderungen nicht gewachsen sind. Nachweislich können seit vielen Jahren im regulären ersten Arbeitsmarkt für deutlich mehr als 2 Millionen Menschen objektiv keine passenden Stellen bereitgestellt werden. Außerdem müssen nahezu 600.000 Arbeitnehmer als »Ergänzer« oder »Aufstocker« mit Jobs leben, von deren Vergütung man nicht auskömmlich leben kann. Es ist euphemistisch und entbehrt jeder praktischen Vernunft, wenn Alt meint: »Es gibt für jeden Menschen einen Platz in dieser Arbeitsgesellschaft. Die Kunst ist es, diesen Platz zu finden. Das ist unsere Aufgabe. Es gibt im Übrigen in unserer Wirtschaft noch genug Raum für einfache Arbeit.«

31 Eine dauerhafte Lösung: Der dritte Arbeitsmarkt

Neben dem ersten Arbeitsmarkt mit regulären Beschäftigungsverhältnissen in Wirtschaft und Verwaltung hatten wir bis Ende 2014 einen zweiten Arbeitsmarkt mit individueller Arbeitsförderung wie Qualifizierungs- und Arbeitsbeschaffungsmaßnahmen unterschiedlichster Art, zuletzt Ein-Euro-Jobs und Bürgerarbeit. Nachdem diese Förderwerkzeuge als nicht zielführend verworfen wurden, brauchen wir ein neues Konzept, das von Illusionen Abschied nimmt und das Problem der Dauerarbeitslosigkeit nachhaltig löst. Dieser Anforderung soll der »Dritte Arbeitsmarkt« gerecht werden, der in öffentlicher Regie organisiert werden soll. Dort sollen möglichst alle Langzeitarbeitslosen eine Beschäftigung finden. Langfristiges Ziel ist es, möglichst viele Arbeitslose aufzufangen und ihnen nach und nach den Weg in den ersten Arbeitsmarkt zu bereiten.

32 Wie soll der dritte Arbeitsmarkt aussehen und was wären die rechtlichen Voraussetzungen?

Die Diskussion über wirksame Hilfe für Langzeitarbeitslose wird seit vielen Jahren mit bescheidenen Ergebnissen geführt. Steuerpolitische Ansätze wie die negative Einkommensteuer sind in der akademischen Diskussion stecken geblieben. Der zweite Arbeitsmarkt mit Arbeitsbeschaffungsmaßnahmen (ABM), Ein-Euro-Jobs und Bürgerarbeit war als (temporäre) Brücke zum ersten Arbeitsmarkt mit dem Ziel der Vollbeschäftigung konzipiert und wird inzwischen weitgehend als gescheitert angesehen.

Die Einführung eines dritten Arbeitsmarktes wird ganz aktuell unter dem Titel »Passiv-Aktiv-Transfer« (PAT) bundesweit diskutiert. Der Saarbrücker Regionalverbandsdirektor Peter Gillo stellte dieses Modell im Mai 2013 vor. Dessen Ziel ist es, aktive Eingliederungsleistungen mit passiven Regelleistungen (ALG II) und Kosten der Unterkunft zu bündeln, um damit sozialversicherungspflichtige (unbefristete)

Arbeitsplätze zu schaffen. Gillo: »Ich bin mir sicher, dass dieser aktive Einsatz bislang passiv geleisteter Mittel den betroffenen Menschen besser gerecht wird.«

Nach diesem Konzept sollen die Langzeitarbeitslosen eine reguläre, sozialversicherungspflichtige und auskömmliche Beschäftigung erhalten. Dabei könne die Allgemeinheit davon profitieren, dass über den dritten Arbeitsmarkt Dienstleistungen angeboten würden, die auf dem klassischen Arbeitsmarkt aus Rentabilitätsgründen nicht vorgehalten werden.

Der Charme des »PAT«-Ansatzes liegt in der fast vollständigen Kostenneutralität, weil sich Ausgaben und Einnahmen nahezu ausbalancieren. Rechnet man noch die Wertschöpfung an Gütern und Dienstleistungen dieser PAT-Arbeitsplätze hinzu und berücksichtigt die vermiedenen Alternativkosten für sozialintegrative Leistungen staatlicher Stellen und Ähnliches, dann ist die Kostenbilanz mehr als ausgeglichen. Einnahmen und Ausgaben im Rahmen eines PAT-Projektes (ohne den oben erwähnten Zusatznutzen) rechnen sich nach einem rechtswissenschaftlichen Gutachten von Prof. Dr. Hartmann, der eine verfassungsrechtliche Prüfung der Umsetzung von PAT-Projekten durchgeführt hat.

Die »Leistungen zur Sicherung des Lebensunterhalts«, auf die erwerbsfähige Leistungsberechtigte einen Anspruch haben (ALG II), werden bislang teils vom Bund, teils von den Kommunen aufgebracht. Der Bund trägt über die Bundesagentur für Arbeit insbesondere den Regelbedarf zur Sicherung des Lebensunterhalts sowie die Zuschüsse zu den Beiträgen der Kranken- und Pflegeversicherung. Die Kommunen tragen die Bedarfe für Unterkunft und Heizung. Für diese Leistungen errechnet sich als Bundesdurchschnittswert insgesamt ein Betrag von 888,01 Euro je Person. Davon entfallen auf die Kosten der Unterkunft und Heizung 350 Euro, auf die Regelleistung 382,00 Euro und auf Versicherungsbeiträge 156,01 Euro. Die Bruttolohnkosten des Arbeitgebers ergeben für den Fall einer Wochenarbeitszeit von 39 Stunden zu 8,50 Euro einen Gesamtbetrag von 1.692,34 Euro. Bei einem Lohnkostenzuschuss gemäß PAT in Höhe der genannten eingesparten Grundsicherungsleistungen von 888,01 Euro träfen den Arbeitgeber weiterhin Bruttolohnkosten, sie beliefen sich aber nur noch auf 804,33 Euro. Der (ehemalige) Arbeitslose erhielte als Arbeitnehmer einen Nettolohn in Höhe von 1.063,07 Euro und damit deutlich mehr als die (ehemals bezogenen) Leistungen in Höhe ebenjener 888,01 Euro. Weil der Arbeitnehmer sozialversicherungspflichtig beschäftigt ist, fallen Beiträge zur Rentenversicherung in Höhe von 285,86 Euro und zur Kranken- und Pflegeversicherung in Höhe von 252,09 Euro an; hinzukommen Abgaben und Steuern in Höhe von 91,32 Euro. Dem Lohnkostenzuschuss stünden also erhebliche Rückflüsse in öffentliche Kassen gegenüber. In einer nach unterschiedlichen Personenzahlen in Bedarfsgemeinschaften (Haushaltstypen) differenzierten Vergleichsrechnung kommt der Regionalverband Saarbrücken auf eine Unterdeckung des PAT-Ansatzes von lediglich nur noch 38,03 Euro je Monat und PAT-Beschäftigten. Berücksichtigt man des Weiteren noch zusätzliche Beschäftigungseffekte in vor- und nachgelagerten Wirtschaftsbereichen (verwiesen wird in diesem Kontext auf Input-Output-Analysen des IAB bei der Quantifizierung der Effekte von Arbeitsbeschaffungsmaßnahmen) sind PAT-Projekte gesamtfiskalisch kostenneutral zu finanzieren. Der Verfassungsexperte Prof. Dr. Hartmann hat in seinem Gutachten im Übrigen die Umsetzung einer PAT-Strategie sowohl verfassungs- als auch haushaltsrechtlich als unbedenklich bezeichnet. Dieser Vorstoß zielt in die richtige Richtung, denn das Problem der Langzeitarbeitslosen könnte mit diesem Vorstoß deutlich verbessert werden.

Der prinzipiell lobenswerte Reformvorschlag des Regionalverbands Saarbrücken greift jedoch zu kurz, weil dieser Reformplan die systemischen Einschränkungen im Regelwerk des Sozialgesetzbuches und der daraus abgeleiteten Programme der Bundesagentur für Arbeit nicht infrage stellt. Folglich bliebe ein großer Teil der Langzeitarbeitslosen auf der Strecke, weil diese nur mit intensiver Hilfe zur Arbeit, also keinesfalls kurzfristig vermittelbar sind.

De lege lata, also nach geltendem Recht, ist eben eine durchgreifende und umfassende Lösung des Problems der Langzeitarbeitslosigkeit gar nicht denkbar. Die Erfordernisse der »Zusätzlichkeit«, des »Öffentlichen Interesses« und der »Wettbewerbsneutralität« sowie die erklärte Zielstellung der kurzfristigen Vermittelbarkeit stehen als unüberwindbare rechtliche Hindernisse im Wege. Eine durchgreifende und nachhaltige Lösung mit dem Ziel der Schaffung von Arbeitsplätzen für alle Langzeitarbeitslosen wird damit nämlich nicht erreicht. Vor allem die Integration in den ersten Arbeitsmarkt ist durch die schlichte Bereitstellung von Beschäftigungsmöglichkeiten für viele Langzeitarbeitslose nicht erreichbar. Wenn eine durchgreifende und dauerhafte Lösung gefunden werden soll, müssen all diese derzeit gesetzlich vorgeschriebenen Einschränkungen ersatzlos gestrichen werden. Wir brauchen also eine gesetzliche Neuregelung der Arbeitsmarktförderung, die endlich zur Kenntnis nimmt, dass mit all den bisher ausprobierten Instrumentarien wie Arbeitsbeschaffungsmaßnahmen, Ein-Euro-Jobs, Bürgerarbeit und vergleichbaren Fördermaßnahmen zwar manches Positive bewirkt wurde, aber das Grundübel nicht aus der Welt geschafft werden konnte. Wir müssen die bittere Erfahrung verarbeiten, dass all diese auf kurzfristige Vermittlung in den regulären ersten Arbeitsmarkt gerichteten Aktionen am Kern des Problems vorbeigehen. Wenn wir die deutlich mehr als 2 Millionen Menschen aus ihrer nachhaltigen Misere befreien und ihnen ein Leben in Würde bieten wollen, das ihnen das Gefühl gibt, vollwertige und geachtete Mitglieder unserer Gesellschaft zu sein, dann brauchen wir einen organisatorischen Rahmen, der allen prinzipiell arbeitsfähigen Langzeitarbeitslosen eine dauerhafte Beschäftigung erlaubt.

33 Ein radikaler Systemwechsel: Finanzierung aktiver Arbeit statt passiver Alimentierung der Arbeitslosen

Wenn man sich der Misere der Langzeitarbeitslosen, ihrer psychischen Not und ihrer sozialen Isolation annehmen will, spricht alles dafür, das Modell des Passiv-Aktiv-Tauschs uneingeschränkt für alle hilfebedürftigen Arbeitslosen einzusetzen. Das ist sicher kein einfacher Weg, weil sehr viele Langzeitarbeitslose nicht in der Lage sind, ohne intensive Vorbereitung und Betreuung eine geregelte Beschäftigung aufzunehmen. Wenn der dritte Arbeitsmarkt ein Erfolg und die Langzeitarbeitslosen einer längerfristigen Beschäftigung zugeführt werden sollen, muss alles daran gesetzt werden, sie aus ihrer Lethargie zu befreien. Dabei muss es um Fördern, aber auch um Fordern gehen. Die Fachleute wissen, dass die Vermittlung in eine Beschäftigung in aller Regel und vor allem dann Erfolg hat, wenn der oder die Betroffene nach ausführlicher Beratung, Motivierung und Aktivierung mit der Vermittlung eines Jobs ausdrücklich einverstanden ist. Wem die Arbeit gar nicht passt, wird immer Mittel und Wege finden, sie wieder los zu werden. Eher hilft es, wenn man dem Betroffenen eine möglichst große Bandbreite an Arbeitsfeldern präsentiert, er auswählen und sich längerfristig auf diesem Posten einrichten kann. Nützlich erscheinen in jedem Fall auch niederschwellige Qualifizierungsmaßnahmen, die den Arbeitssuchenden den Weg in den Job *step by step* ebnen.

Es geht um die »gleitende Arbeitsaufnahme« durch Einübung geregelter Tagesabläufe sowie die Befähigung zu diszipliniertem Handeln und um die schrittweise Vorbereitung für geregelte und ständige Beschäftigung und damit um die Integration in den dritten Arbeitsmarkt. Das beginnt mit einfachen Arbeiten oder Hilfstätigkeiten und setzt sich fort über die Einübung berufsnaher Tätigkeiten in der Praxis, immer begleitet von berufsfördernden Aktionen der Aus- und Weiterbildung. Notwendig dafür ist des Weiteren, verloren gegangene primäre Kulturtechniken wie Lesen und Schreiben wieder aufzufrischen. So wird letztlich auch die Teilhabe am sozialen Leben erleichtert. Im besten Fall könnten durch eine Aneinanderreihung von beruflichen Ausbildungsmodulen ein regulärer Berufsabschluss und der Anschluss an den ersten Arbeitsmarkt erreicht werden. Gut vorbereitete Berufserkundungen und darauf aufbauende Betriebspraktika können dabei den Berufsabschluss erleichtern.

Es empfiehlt sich auch, unterstützend die Integrationskraft des Sports zu nutzen. Aus Erfahrung wissen wir, dass in Sportvereinen vor allem für die Kinder benachteiligter Menschen gute Erfahrungen vermittelt werden können. Der Sport kann Brücken bauen in Kameradschaft und sinnvolle Sozialisation. Das fördert das Selbstwertgefühl von Kindern und Eltern zugleich.

Ein besonderer Anreiz ist jedoch erfahrungsgemäß immer das Geld. Wenn eine deutliche finanzielle Verbesserung angeboten wird, dürfte das für die allermeisten Langzeitarbeitslosen ein entscheidendes Motiv für die Aufnahme einer Beschäftigung sein – insbesondere dann, wenn Wahlmöglichkeiten hinsichtlich des Beschäftigungsfeldes eröffnet werden. Der Passiv-Aktiv-Tausch bietet klare finanzielle Vorteile im Vergleich zu Arbeitslosengeld II, weil jeder aktivierte Arbeitslose ein relativ bescheidenes, aber doch auskömmliches Grundeinkommen erlangt. Alles spricht dafür, diesen Bruttobasislohn an dem ab 1. Januar 2015 eingeführten gesetzlichen **Mindestlohn** auszurichten. Denn das wäre die Basis für ein menschenwürdiges Leben.

Wegen der vorgeschlagenen Aufstockung des »PAT-Gehalts« auf das Niveau des Mindestlohns werden zweifelsohne höhere finanzielle Mittel erforderlich, ebenso wie sich für die Organisation und Durchführung der Qualifizierungs- und Trainingsmaßnahmen ein deutlich höherer Aufwand abzeichnet, als im Vergleich zum gegenwärtigen schieren Verwalten der Langzeitarbeitslosen in den Jobcentern anfällt. Die intensive Betreuung der hilfsbedürftigen Arbeitslosen vor Ort muss nämlich auskömmlich mit qualifizierten Fachleuten personalisiert werden. Das wird allenfalls durch direkte Abordnung von Bediensteten der Jobcenter oder über die Verlagerung nach der Umsetzung der Reform nicht mehr benötigter Arbeitsplätze kompensiert werden können. Wie hoch der finanzielle Mehraufwand insgesamt ausfällt, kann ohne intensive statistische Auswertung und präzise Bedarfsschätzungen nicht quantifiziert werden.

Die höheren Kosten der öffentlichen Hand werden jedoch angesichts der schrittweisen Aktivierung von Hartz-IV-Beziehern für den ersten Arbeitsmarkt tendenziell kompensiert. Die auf gründlicher individueller Beratung und Analyse basierende Qualifizierung der Langzeitarbeitslosen bietet nämlich gute Voraussetzungen für eine systematische und nachhaltige Verankerung im regulären Arbeitsmarkt. Der verbleibende Mehraufwand erscheint jedoch überschaubar und auch verkraftbar. Denn angesichts der seit geraumer Zeit generell sinkenden Arbeitslosenzahlen und auch durch die enormen Kürzungen der Arbeitsmarktbudgets bei ABM, Ein-Euro-Jobs und der Bürgerarbeit gibt es viel Spielraum für die Finanzierung dieses Mehrbedarfs.

Wie sinnvoll und auch notwendig die Einführung eines generellen dritten Arbeitsmarkts ist, wird überdeutlich mit Blick auf die »demografische Rendite«. Denn mit abnehmender Bevölkerung sinkt die Zahl der Erwerbspersonen mit der Folge, dass immer mehr Arbeitslose in den ersten Arbeitsmarkt integriert werden können. Obwohl es kaum eine Talkrunde gibt, in der nicht irgendwann das Thema demografischer Wandel eine Rolle spielt, sind die enormen Veränderungen, die man bereits spüren kann und die in den nächsten Jahren mit Sicherheit in größerem Umfang eintreten werden, in ihrer Tragweite erstaunlicherweise immer noch nicht im allgemeinen Bewusstsein verankert. Es zeichnet sich aber klar ab, dass schon in diesem Jahrzehnt deutlich mehr Beschäftigte das Rentenalter erreichen als junge Menschen neu in den Arbeitsmarkt eintreten. Axel Börsch-Supan, Direktor des

Mannheimer Forschungsinstituts Ökonomie und Demographischer Wandel[35], geht davon aus, dass die Zahl der Erwerbstätigen schon in diesem Jahrzehnt stark abnehmen wird. Der Arbeitsmarkt werde schrumpfen, und zwar langfristig um 8 Millionen Beschäftigte. Nach den Vorausberechnungen des Bundesamts für Statistik geht die Zahl der 20- bis 65-Jährigen bis 2020 von 49,65 auf 48,08 Millionen um 1,57 Millionen Menschen zurück.[36]

Folglich wird die Zahl der freien wiederbesetzbaren Stellen in der gewerblichen Wirtschaft trotz weiterer Rationalisierungsmaßnahmen mittelfristig deutlich steigen. Die so steigende Nachfrage nach Arbeitskräften wird sich neben der Anwerbung von Zuwanderern naturgemäß auch auf die Ausschöpfung der Arbeitsmarktreserven konzentrieren müssen und – wie anzustreben ist – eine nachhaltige Reduzierung der Arbeitslosen zur Folge haben. Das bedeutet, dass ein deutlich spürbarer Beitrag zur Finanzierung des dritten Arbeitsmarktes erwirtschaftet wird. Volkswirtschaftlich zu saldieren sind schließlich auch mit hoher Wahrscheinlichkeit Kostenentlastungen bei den Kranken- und Pflegekassen, weil bei Einführung des dritten Arbeitsmarktes manches dafür spricht, dass seelisch und psychisch bedingte Erkrankungen merklich zurückgehen. Mit den avisierten Qualifizierungsmaßnahmen wird schließlich auch ein wichtiger Service für die Versorgung von Wirtschaft und Verwaltung mit qualifizierten Arbeitskräften geleistet. Es spricht einiges dafür, dass die Gesamtbilanz langfristig positiv ausfällt. Es könnte viel bürokratischer Überwachungsaufwand entfallen.

Die Einführung des dritten Arbeitsmarkts auf der Basis des Passiv-Aktiv-Tauschs hat schließlich den entscheidenden Vorzug, dass die Arbeitslosen nach und nach wieder die volle Verantwortung für ihr Leben in die eigenen Hände nehmen können. Dass die Integration in den Arbeitsmarkt auch positive Auswirkungen auf die soziale Integration hat, kommt mit Sicherheit auch dem Familienleben zugute und fördert in aller Regel mittelbar die schulischen Leistungen von Kindern aus Hartz-IV-Haushalten. Der Teufelskreis generationsübergreifen-

---

35 Vortrag bei der Herbert-Quandt-Stiftung zu den 22. Sinclair-Haus Gesprächen, Mai 2004, S. 4, www.mea.mpisoc.mpg.de/uploads/user_mea_discussionpapers/3fm.

36 www.destatis.de/DE/ZahlenFakten/GesellschaftStaat/Bevoelkerung/Bevoelkerung.html, 2009.

der »Hartz-IV-Karrieren« kann so endlich nachhaltig durchbrochen werden. Der bürokratische Aufwand und die Aufwendungen für die Zuweisung und Bezahlung von Wohnraum entfielen ebenso ersatzlos wie die Überwachungs- und Kontrollaufgaben der Arbeits- und Sozialverwaltung. Der häufig zu hörende Hinweis, es sei nicht ratsam, den ALG-II-Beziehern das Geld für die Miete in die Hand zu geben, weil sie es für andere Zwecke ausgeben könnten, gehört in den Bereich der Stammtischparolen. Vorsorglich sollte eine gesetzliche Ermächtigung zu einer entsprechenden Gehaltsabtretung an den Vermieter vorgesehen werden, das wäre in jedem Fall ein wirksames Rezept.

Heinrich Alt, Mitglied im Vorstand der Bundesagentur für Arbeit, meint zu dem Vorschlag eines dritten Arbeitsmarktes in dieser Form: »Klingt in der Theorie ganz gut, taugt aber nicht für die Praxis.« Eine glatte Abfuhr also seitens des langjährig erfahrenen Arbeitsmarktexperten. Er begründet seine Haltung mit dem Hinweis auf die freie Marktwirtschaft, in der kein Raum sei für Planwirtschaft. Mit solch pauschalen Totschlagargumenten wird man jedoch der anstehenden tief greifenden und nachhaltigen Problematik nicht gerecht. Alt räumt ja selber ein, dass die Bundesagentur für Arbeit und ihre Vorgängerin mit Arbeitsbeschaffungs- und vielen anderen Arbeitsmarktmaßnahmen über Jahrzehnte vergleichbare Projekte propagiert haben, wie sie für den dritten Arbeitsmarkt angedacht sind. Zutreffend konstatiert er, dass diese bisherigen Maßnahmen dem Problem der dauerhaften Langzeitarbeitslosigkeit nicht beigekommen konnten. Sie waren halbherzig angelegt und mit hohen bürokratischen Hürden belastet.

In einem Beitrag in der Wochenzeitung DIE ZEIT vom 20. Juni 2013 reklamiert Alt selbstbewusst Erfolge der Bundesagentur bei der Integration von Hartz-IV-Beziehern in den regulären Arbeitsmarkt. Deren Zahl sei auf dem niedrigsten Stand seit der Arbeitsmarktreform von 2005 gesunken. Und er fügt hinzu: »Dennoch werden wir uns bei allem Streben nach Professionalität und bei allem gesellschaftlichen Engagement der bitteren Erkenntnis nicht verschließen können, dass auch bei einem guten konjunkturellen Umfeld eine relevante Größe von ›Erwerbsfähigen‹ unter den gegebenen Umständen nicht oder nicht dauerhaft integrierbar ist.«

Im Ergebnis und in der praktischen Auswirkung bedeutet dies nichts anderes als schiere Resignation nach dem Motto: Wir haben doch alles versucht, aber offenkundig ist das Problem nicht zu lösen.

Dass ihm dabei nicht wirklich wohl ist, zumindest mit Blick auf jüngere Langzeitarbeitslose, geht aus einem Bericht (DIE ZEIT vom 7. März 2013, S. 74) hervor, in dem Alt vorschlägt, in den nächsten vier Jahren 100.000 junge Menschen ohne Berufsabschluss für eine Lehre zu motivieren. Dagegen ist rein gar nichts einzuwenden, denn man kann es drehen und wenden, wie man will: Wer keine erfolgreiche Schulkarriere hinter sich hat – und das ist bei den allermeisten Langzeitarbeitslosen in der Tat der Fall –, der braucht eine intensive Betreuung mit gezielter und individuell gesteuerter Hilfe zur Arbeit, wie sie von dem Autor dieses Buches propagiert wird.

Für die Zukunft kann die heranwachsende Generation unserer Kinder über stark verbesserte und pädagogisch qualifizierte vorschulische Bildung vor dem Schicksal der Jugendlichen bewahrt werden, die Heinrich Alt zu Recht beruflich qualifiziert sehen möchte. Junge Menschen jedoch, die keinen Schulabschluss haben, können den Anschluss ans Berufsleben nur schaffen, wenn sie mit gezielten Maßnahmen motiviert und fit gemacht werden für eine Beschäftigung im ersten Arbeitsmarkt. Dafür scheint Alt kein Konzept zu haben.

Bei seiner pauschalen Ablehnung ignoriert Alt die reale Machbarkeit des dritten Arbeitsmarkts. Es steht zu vermuten, dass er dabei in erster Linie die finanziellen Auswirkungen, will sagen: die Mehrkosten im Vergleich zu Status quo als unüberwindliches Hindernis im Hinterkopf hat. Nach Streiten um – möglicherweise nur übergangsweise – höhere Lasten im Bundeshaushalt steht ihm offenkundig nicht der Sinn.

Aus volkswirtschaftlichen Gründen ist natürlich darauf zu achten, dass die Beiträge zur Arbeitslosenversicherung als wichtiger Bestandteil der Lohnnebenkosten im angemessenen und erträglichen Rahmen bleiben. Der verbleibende Finanzbedarf wird – wie bisher auch – aus Steuermitteln aufzubringen sein. Angesichts der insoweit regional – je nach wirtschaftlicher Prosperität der betreffenden Region – sehr unterschiedlich anfallenden Lasten wäre eine Übernahme der Gesamtkosten in den Bundeshaushalt sinnvoll. Die Kommunen, die zurzeit einen großen Teil der Kosten der Arbeitslosigkeit schultern müssen, sind längst an die Grenzen ihrer Belastbarkeit gekommen und können wegen der Schuldenbremse auch nicht mehr auf Neuverschuldung ausweichen. Sie bedürfen dringend der nachhaltigen Entlastung. Den Bund hier in die Pflicht zu nehmen ist wegen des Verfassungsgebots der Herstellung gleichwertiger Lebensverhältnisse in ganz Deutschland sachlich geboten. Denn die Lasten aus ALG II fallen bekanntlich regional unterschiedlich aus, je nach Wirtschaftslage. Sie treffen wohlhabende und finanzstarke Kommunen mit hoher Arbeitsplatzdichte weniger als Kommunen mit hoher Arbeitslosigkeit. Im Rahmen der demnächst anstehenden Verhandlungen zur Neuausrichtung des Bund-Länder-Finanzausgleichs können und sollten denn auch Schieflagen in den Finanzströmen nachjustiert werden.

34 Die rechtliche Umsetzung der Reform

Als Träger des dritten Arbeitsmarkts bieten sich die Kommunen an, die diese Aufgabe im Rahmen der allgemeinen Daseinsvorsorge über frei gemeinnützige Beschäftigungsgesellschaften übernehmen können. Die betroffenen Arbeitslosen wohnen in den Städten und Dörfern und haben deswegen einen engen Bezug zu Ihren Gemeinden. Sie sind einfach näher dran als die gemeindeübergreifend organisierten Jobcenter.

Wie noch zu zeigen sein wird, befindet sich in deren Bereich auch ein Großteil der Beschäftigungsmöglichkeiten für die ALG-II-Empfänger. Die kommunalen Beschäftigungsgesellschaften sollten im Rahmen einer gesetzlich vorgeschriebenen Pflichtaufgabe eingeführt werden. Zudem hat sich nach allen bisherigen Erfahrungen herausgestellt, dass die Jobcenter mit ihrer derzeitigen Ausstattung offenkundig überfordert sind, um längerfristig arbeitslose Hartz-IV-Empfänger erfolgreich zu fördern. Sie sind gut ausgebildet für die kurzfristige und gezielte Vermittlung in reguläre Beschäftigungsverhältnisse. Aber nicht gerüstet sind sie für intensive Aktivierungs- und Motivierungsarbeit mit hilfsbedürftigen Arbeitslosen. Auch die räumliche Entfernung der Jobcenter zu den Wohnungen der Betroffenen ist ein natürliches Hindernis für intensive Betreuung. Die zentrale Zuständigkeit für ein größeres Einzugsgebiet ist hinsichtlich aller anderen Aufgaben der Jobcenter organisatorisch und auch wirtschaftlich zweifelsohne sinnvoll, nicht jedoch wenn betreuungsintensive persönliche Kontakte gefragt sind. Wer bei der typischen Hartz-IV-Kundschaft Erfolg haben will, muss nahe bei den Menschen sein, um deren Vertrauen zu gewinnen und alle Schritte auf dem Weg aus der sozialen Isolation vor Ort zu begleiten. Für diese

Aufgabe bieten sich ortsnahe Betreuungseinrichtungen im Rahmen der vorgeschlagenen kommunalen Beschäftigungsgesellschaften an.

Dabei könnte man sich auch auf Personal von Gemeinwesenprojekten stützen, mit denen in den vergangenen Jahren zum Teil guten Erfahrungen gesammelt werden konnten. Diese sind nämlich häufig in Problemquartieren tätig, wo viele Hartz-IV-Empfänger leben. Dort werden schon heute Arbeitsförderungsmaßnahmen organisiert und intensiv begleitet. Die bereits zitierte Sabine Hamberger (Name geändert) hat in der Küche der Pädagogisch-Sozialen Aktion (PÄDSAK) auf dem Wackenberg in Saarbrücken mitgeholfen und Bürgerarbeit geleistet. »So bin ich weg von zu Hause, die Decke fällt mir nicht auf den Kopf«, sagte sie. »Und ich mache vernünftige Arbeit und verdiene was.« Verdienen? Für Bürgerarbeit wurde sie mit 900 Euro im Monat bezahlt. Wenn die Sozialversicherung abgezogen war, blieben 727 Euro. »Was ist ihr größter Wunsch?«, fragte sie Dieter Gräbner. »Da habe ich mehrere. Ich wäre gerne gesund. Ich hätte gerne keine Schulden mehr. Und vielleicht eine Chance auf eine Umschulung zur Bürohilfskraft.«

Gräbner sprach am Wackenberg auch mit Verena Krämer (Name geändert). Sie ist eine Frau, wie es sicher viele gibt, die in der Hartz-IV-Falle gefangen sind und alleine ihre Kinder erziehen müssen. Sie ist 30 Jahre alt, 2003 begann sie als Kurierfahrerin. Es war ein Job, der ihr Spaß gemacht hat, aber mit einem Zeitvertrag, der dann 2006 nicht verlängert wurde. Seitdem sucht sie Arbeit – ohne Erfolg. Eine Frau ohne Ausbildung, die Auto fahren kann und einen zupackenden Eindruck macht, die arbeiten will. Aber niemand will sie, die alleinerziehende Mutter von zwei Kindern. Man glaubt ihr bei den wenigen Vorstellungsgesprächen, dass sie zupacken, dass sie auch schwere körperliche Arbeit tun kann. Die Frage aber ist: Wer stellt eine Mutter mit zwei Kindern ein, die seit 2006 arbeitslos ist, von Hartz IV lebt und die das Jobcenter nicht in eine feste Arbeitsstelle vermitteln konnte?

Auch sie leistete Bürgerarbeit[37] bei der PÄDSAK, half in der Küche, begleitete alte Menschen zum Arzt. Sie arbeitete von 8.00 Uhr bis 14.00 Uhr. Netto wurden ihr 727 Euro ausgezahlt. Insgesamt mit Unterhaltszahlungen und Kindergeld kam sie ungefähr auf 1.000 Euro monatlich. Ihre Kinder sind bescheiden. Diskussionen, wie in anderen Hartz-IV-Familien, wo die Kinder drängeln: »Mama, bekomme ich bald

---

37 Ab 1.1.2015 gesetzlich abgeschafft.

ein Handy?«, oder: »Ich brauche neue Schuhe, wann kaufst Du mir die?«, kennt sie nicht. »Die Kinder haben sich mit unserer schwierigen finanziellen Situation eingerichtet«, sagt sie. Sie gibt sich optimistisch, hofft, dass sie eine Chance erhält.

Die quartiernahen Gemeinwesenprojekte leisten sicher wertvolle soziale Integrationsarbeit und genießen Wertschätzung vor Ort. Aber nicht alles ist Gold, was glänzt. Es gibt auch Kritik an dieser Arbeit, weil Aufwand und Ertrag nicht in einem angemessenen Verhältnis stünden (»Geldverbrennungsmaschinen«). Angesichts begrenzter Ressourcen sowohl bei den Einrichtungen der Bundesagentur für Arbeit als auch bei den kommunalen und den frei gemeinnützigen Trägern erscheint es unumgänglich und geboten, den Betreuungsauftrag der Gemeinwesenprojekte klar und präzise auf die Hilfe zur Arbeit zu konzentrieren. Um sozialromantische »Ausfransung« und unnötige Konkurrenz zu Sozialarbeit und Jugendhilfe zu vermeiden, sollte die Gemeinwesenarbeit in die kommunalen Beschäftigungsgesellschaften integriert werden und aus wirtschaftlichen und Sparsamkeitsgründen auf die umfassenden Aufgaben der Hilfe zur Arbeit beschränkt werden. Angesichts der stark angespannten Finanzlage der Kommunen kann ihnen dieser Schritt nur wärmstens empfohlen werden, zumal der Hauptzweck der Gemeinwesenarbeit ohnehin in der Betreuung durch Arbeitslosigkeit benachteiligter Menschen liegt. So können klare Verhältnisse geschaffen und unwirtschaftliche Doppelstrukturen im Interesse der Effizienz beseitigt werden.

35 Fachaufsicht

Im Rahmen der Beschäftigungsgesellschaften ist unbedingt sicherzustellen, dass die Personalauswahl der Betreuungskräfte nach fachlichem Bedarf gesteuert wird. Angesichts ihrer grundsätzlichen Ausrichtung, Langzeitarbeitslose in den ersten Arbeitsmarkt zu bringen, bietet es sich an, die Fachaufsicht über die Beschäftigungsgesellschaften den Jobcentern zu übertragen. Sie könnten in diesem Rahmen auch Verantwortung für die Evaluierung und Erfolgskontrolle hinsichtlich der systematischen Aktivierungs- und Ausbildungsarbeit der Beschäftigungsgesellschaften übernehmen.

Die Jobcenter könnten sich über regelmäßige Berichte und Gespräche vor Ort bei den Beschäftigungsgesellschaften von der Zweckmäßigkeit und Effizienz der Betreuungsarbeit überzeugen. Es bietet sich an, das in der Führungspraxis bewährte Instrument der Zielvereinbarung zu nutzen, um die fachlichen Anforderungen an Programme, die Arbeitsorganisation und das Personal detailliert zu beschreiben. Das gilt auch für die konkrete Ausformung und das Procedere der Zusammenarbeit zwischen Jobcentern und den Beschäftigungsgesellschaften.

36 Die Organisation im Einzelnen

Im Rahmen der Beschäftigungsgesellschaften werden die Langzeitarbeitslosen, also Menschen, die ein Jahr oder länger arbeitslos waren, in sozialversicherungspflichtige Beschäftigungsverhältnisse übernommen. Vorrangig sollte es zunächst darum gehen, über eine professionelle Kompetenzdiagnostik nach ausführlichen Interviews und Besprechungen sowie einer gründlichen Analyse der Fachbetreuer den Betroffenen einen Arbeitsplatz zuzuweisen, für den sie motivierbar sind und den sie ohne besondere Vorbereitung akzeptieren. Wenn diese Voraussetzung nicht gegeben ist oder wenn sich die Langzeitarbeitslosen nach eigner Aussage zur Aufnahme regelmäßiger Arbeit nicht in der Lage sehen, ist ein individueller Entwicklungs- und Ausbildungsplan gemeinsam mit den Betroffenen zu entwickeln. Dieser basiert auf einer gründlichen, im Rahmen von Erkundungsgesprächen erarbeiteten persönlichen Bestandsaufnahme, die aufzeigt und eingehend beschreibt, wie die Betroffenen in ihre missliche Lage geraten sind und welche Perspektiven für sie kurz- bis mittel-, gegebenenfalls auch langfristig denkbar, sinnvoll und realistisch erscheinen.

Dieser individuelle Entwicklungsplan soll die schrittweisen Fortschritte auf dem Weg in reguläre Beschäftigung über Meilensteine definieren, die überprüfbar sind und je nach der konkreten dokumentierten Entwicklung anzupassen oder zu korrigieren sind. Bei der Umsetzung gilt es, Mut zu machen und motivierende Erfolgserlebnisse einzuplanen. Kurze Praktika und Betriebserkundungen sollten in dem Entwicklungsplan vorgesehen sein. Dafür kommen jedoch nur Unternehmen und Bildungsträger oder (kulturelle/soziale) Einrichtungen in Betracht, die entsprechende Trainingsplätze und Fachpersonal vorhalten, das für den Umgang mit Trainingsmaßnahmen geschult ist. Solche Integrationsbetriebe sollten über Rahmenverträge mit wirksamen finanziellen Anreizen und Vergütungen gewonnen und abgesichert werden. Gerade diesen Integrationsbetrieben kommt in der Ermutigungsphase des Entwicklungsplans für die Hartz-IV-Probanden entscheidende Bedeutung zu. Die Erfolgserlebnisse in dieser Initialphase der Integration von Langzeitarbeitslosen können in ihrer psychologischen Wirkung gar nicht hoch genug eingeschätzt werden.

Angesichts der demografischen Entwicklung dürfte die Bereitschaft verantwortungsbewusster Unternehmensleitungen wachsen, solche Trainingsplätze im Interesse der langfristigen Beschäftigungssicherung anzubieten. Nach den Trainingsmaßnahmen und Betriebserkundungen, die der Orientierung und Ermutigung dienen, bietet es sich an, den Betroffenen berufliche Ausbildungsmodule entsprechend ihren Neigungen und Begabungen behutsam nahe zu bringen. Denn es gilt im Auge zu behalten: Das Ziel ist klar und eindeutig die schrittweise Heranführung an den ersten Arbeitsmarkt. Letztlich funktioniert das am besten, wenn am Ende eine reguläre Berufsausbildung abgeschlossen wird.

Wenn es dann soweit ist, dass der Langzeitarbeitslose mit beruflicher Qualifikation in den ersten Arbeitsmarkt vermittelt wird, sollte sein Weg noch eine Weile von einem Integrationspaten begleitet werden, der bei Eingewöhnungsproblemen als Vertrauensperson jederzeit ansprechbar ist und als Berater und Troubleshooter fungieren sollte. Denn in dieser entscheidenden Eingliederungsphase sollte das mit viel Aufwand und Engagement Erreichte nicht aufs Spiel gesetzt werden.

Um die Bereitschaft der Privatwirtschaft zur Einstellung der Langzeitarbeitslosen zu stärken, sollte auch auf die bisher erprobten und zum Teil erfolgreichen Modelle der Bezuschussung von Arbeitsverhältnissen[38] in Privatbetrieben zurückgegriffen werden. Andererseits müsste es sich von selbst verstehen, dass die Kommunen als Träger der Beschäftigungsgesellschaften, aber auch andere öffentliche Arbeitgeber ihren Personalbedarf im Rahmen der Besetzung frei gewordener

---

38 Alexander Spermann: Zehn Jahre Hartz IV – Was hilft Langzeitarbeitslosen wirklich?, in: IZA Standpunkte Nr. 76, November 2014, S. 9 ff. mit weiteren Nachweisen.

Stellen aus den fachlich entsprechend qualifizierten Mitarbeitern der Beschäftigungsgesellschaften rekrutieren.

Die reguläre berufliche Ausbildung mit einem anerkannten Berufsabschluss ist im Rahmen der Aufgaben der Beschäftigungsgesellschaften fraglos der Königsweg. Aber in der Praxis wird es viele Langzeitarbeitslose geben, die diesen Weg nicht schaffen, aus welchen Gründen auch immer. Für diese Menschen wird die arbeitsorientierte Betreuung und Beschäftigung in der Schutzzone der kommunalen Beschäftigungsgesellschaften die einzig realistische Alternative zur bisherigen Langzeitarbeitslosigkeit sein. Es geht dabei um Betätigungsfelder, für die weder private noch öffentliche Arbeitgeber bereit und in der Lage sind, bezahlte Arbeitsplätze zur Verfügung zu stellen, aber auch um solche, für die geringe Anforderungen bestehen, sowie um Zuarbeit, die früher einmal Hilfsarbeiter verrichteten, bevor diese Arbeit durch Automation, Outsourcing und sonstige betriebliche Rationalisierungsmaßnahmen auf der Strecke blieb.

37 Verhinderung von Missbrauch

Um Missbrauch, unbeabsichtigte Mitnahmeeffekte und unerwünschte Wettbewerbsverzerrungen zu verhindern, kann und darf der dritte Arbeitsmarkt nur in Bereichen etabliert werden, wo reguläre Beschäftigung nicht verdrängt wird. Dieser unumstößliche Grundsatz entspricht dem Grundgedanken der traditionellen Arbeitsförderung, bei der es um die Vermeidung von Mitnahmeeffekten geht.

Deswegen sollte in einer Novellierung des Sozialgesetzbuches festgelegt werden, dass der dritte Arbeitsmarkt nur eröffnet wird für die Beschäftigung von Langzeitarbeitslosen

1. im Rahmen der Hilfe zur Arbeit zur schrittweisen Heranführung an den ersten Arbeitsmarkt;
2. in Beschäftigungsfeldern mit geringem Anforderungsprofil unterhalb der Schwelle regulärer Berufsabschlüsse, die vorhandene Arbeitsplätze, deren Ausübung eine abgeschlossene Berufsausbildung im Handwerks-, Industrie-, Dienstleistungs- oder Verwaltungsbereich voraussetzt, **nicht ersetzen** können;

3. darüber hinaus im öffentlichen Sektor (Länder und Kommunen) nach einem gesetzlich festzulegenden Stichtag **zusätzlich** zu den regulär vorhandenen Arbeitsplätzen, die in öffentlich einsehbaren Verzeichnissen amtlich registriert und zusätzlich geschaffen werden. Die Führung und Überwachung dieser Register und die Einhaltung der gesetzlichen Voraussetzungen sollten der Bundesagentur für Arbeit, vertreten durch die örtlichen Jobcenter, übertragen und von ihr strikt überwacht werden. Für Zuwiderhandlungen sind rechtliche Sanktionen in Form von wirkungsvollen Bußgeldern vorzusehen. Die PAT-Beschäftigten sollten in kommunalen Beschäftigungsgesellschaften beschäftigt werden, die personell und finanziell vom Haushalt der Kommune getrennt sind, aber unter kommunaler Aufsicht stehen. Aufgabe dieser Gesellschaft ist es, kommunale Arbeit zusätzlich zu organisieren, wie nachfolgend dargestellt wird. Neben kommunalen Beschäftigungsgesellschaften können auch Bildungs- und Maßnahmeträger, die in der Vergangenheit Bürgerarbeit organisiert und durchgeführt haben, im Rahmen von PAT-Projekten Beschäftigung organisieren. Die Träger erhalten eine Verwaltungskostenpauschale zur Abgeltung der organisatorischen Mehrkosten.

Die ordnungspolitischen Grundsätze unserer Wettbewerbs- und Marktwirtschaft beruhen auf einem nahezu generellen Grundkonsens aller gesellschaftlichen Kräfte in Deutschland, den es prinzipiell zu respektieren gilt. Deswegen darf es durch arbeitsmarktpolitische Förderung keine Wettbewerbsverzerrung geben, und mit Blick auf effizienten und sparsamen Einsatz öffentlicher Steuermittel sind ungerechtfertigte und unverdiente Mitnahmeeffekte über Subventionen tunlichst zu vermeiden. Werden die Voraussetzungen von 1.–3. durchgesetzt, ist praktisch ausgeschlossen, dass sich findige Arbeitgeber missbräuchlich aus den Kassen der Arbeitslosenversicherung oder aus öffentlichen Steuermitteln »bedienen«.

In weiten Bereichen von Wirtschaft und Verwaltung existiert diese »Gefahr« allein schon deswegen nicht, weil die Langzeitarbeitslosen ohne Berufsabschluss oder ohne ausreichende fachliche Qualifikation in der Praxis allenfalls als Hilfskräfte einsetzbar sind. Wenn solche Menschen in der Wirtschaft effektiv gebraucht würden, hätten die Vermittlungsbemühungen der Jobcenter längst gefruchtet. Aber bekanntlich stagniert die Langzeitarbeitslosigkeit seit Jahren.

Der Missbrauch von Leiharbeit und die Ausnutzung sozial schwacher Arbeitssuchender im regulären Arbeitsmarkt dürfte schließlich ab 1. Januar nach Einführung des gesetzlichen Mindestlohns zumindest in seinen schlimmsten Auswüchsen wirksam eingedämmt werden. Wenn denn auch die notwendige Überwachung sichergestellt wird!

Langzeitarbeitslose sind vor dieser Art von Missbrauch weitgehend gefeit, in den allermeisten Fällen schon wegen ihrer fehlenden beruflichen Qualifikation. Mangelnde fachliche Eignung paart sich zudem, wie ausführlich dargelegt, bei sehr vielen Langzeitarbeitslosen mit Resignation und sozialer Isolation. Das ist ein echter Teufelskreis. Stärkung des Selbstwertgefühls tut allen Menschen gut, ganz besonders denen, die es verloren hatten. Das nachhaltig Positive des Dritten Arbeitsmarkt ist genau dieser Effekt.

Für geleistete Arbeit wird Lohn gezahlt, das bedeutet Anerkennung und Wertschätzung, und zwar unabhängig davon, ob die Beschäftigung im Rahmen des individuellen Entwicklungsplans Aus- oder Weiterbildung bedeutet. Oder ob es sich um bezahlte Arbeit im geschützten Bereich der Beschäftigungsgesellschaft, um geförderte Arbeitsplätze, um Hilfs- und Zuarbeitsbereiche in Wirtschaft oder Verwaltung handelt.

Mit dieser Anerkennung gelingt auch wieder die Rückkehr ins gesellschaftliche Leben in der Nachbarschaft und in gesellschaftlichen Vereinigungen. Das gilt auch für das ehrenamtliche Engagement in Sport, Kultur und im Sozialbereich.

38 Hindernisse und Einwendungen

Andererseits können alle noch so gut geplanten und durchdachten Fördermaßnahmen nutzlos und vergeblich sein, wenn die Arbeitslosen ihren Mitwirkungspflichten partout nicht nachkommen, die angetragenen Hilfen zur Arbeit beharrlich verweigern oder die angebotenen Beschäftigungsmöglichkeiten schlicht ablehnen. Für diesen Fall kann es konsequenterweise das im dritten Arbeitsmarkt einzuführende Angebot des Passiv-Aktiv-Tauschs nebst Aufstockung auf das Niveau des Mindestlohns nicht geben. Wer die ausgestreckte Hand beharrlich ausschlägt, kann und darf – allein schon aus Gründen der Gleichbehandlung – nicht in Genuss dieses Anreizes kommen. Die

Totalverweigerer müssen sich dann mit dem Existenzminimum der Grundsicherung begnügen und in Kauf nehmen, mit den gesetzlich vorgesehenen Sanktionsmechanismen (§§ 31 ff. SGB II) konfrontiert zu werden. Das bedeutet bei nicht nachvollziehbarer Verweigerung der Hilfe zur Arbeit, dass die Kürzungen der Grundsicherung angedroht und auch tatsächliche vollzogen wird.

Aber die Rechtsprechung des Bundesverfassungsgerichts setzt dem enge Grenzen. Das Existenzminimum muss in jedem Fall garantiert bleiben. In seiner Presseerklärung Nr. 5/2010 zu seinem Urteil (Az.: 1 BvL 1/09, 1 BvL 3/09, 1 BvL 4/09) vom 9. Februar 2010 führt das höchste deutsche Gericht aus:

»Das Grundrecht auf Gewährleistung eines menschenwürdigen Existenzminimums aus Art. 1 Abs. 1 GG in Verbindung mit dem Sozialstaatsprinzip des Art. 20 Abs. 1 GG sichert jedem Hilfebedürftigen diejenigen materiellen Voraussetzungen zu, die für seine physische Existenz und für ein Mindestmaß an Teilhabe am gesellschaftlichen, kulturellen und politischen Leben unerlässlich sind. Dieses Grundrecht aus Art. 1 Abs. 1 GG hat als Gewährleistungsrecht in seiner Verbindung mit Art. 20 Abs. 1 GG neben dem absolut wirkenden Anspruch aus Art. 1 Abs. 1 GG auf Achtung der Würde jedes Einzelnen eigenständige Bedeutung. Es ist dem Grunde nach unverfügbar und muss eingelöst werden, bedarf aber der Konkretisierung und stetigen Aktualisierung durch den Gesetzgeber, der die zu erbringenden Leistungen an dem jeweiligen Entwicklungsstand des Gemeinwesens und den bestehenden Lebensbedingungen auszurichten hat. Der Umfang des verfassungsrechtlichen Leistungsanspruchs kann im Hinblick auf die Arten des Bedarfs und die dafür erforderlichen Mittel nicht unmittelbar aus der Verfassung abgeleitet werden. Zur Konkretisierung des Anspruchs hat der Gesetzgeber alle existenznotwendigen Aufwendungen folgerichtig in einem transparenten und sachgerechten Verfahren nach dem tatsächlichen (...) Bedarf zu bemessen.«

Die Durchsetzung aktiver Teilnahme an den Eingliederungsmaßnahmen der Beschäftigungsgesellschaften oder die Verweigerung der Arbeitsaufnahme in zumutbaren Arbeitsfeldern ist demnach über Sanktionen nachhaltig nicht durchzusetzen. Flucht in die Krankheit ist immer möglich, und schierer Druck wird selten von nachhaltigem Erfolg gekrönt.

Psychologisch wenig hilfreich erscheint es jedoch, wenn die Vermittler in den Jobcentern allzu rasch zum Knüppel der Sanktionsmaßnahmen greifen. Offenkundig beherzigen die Arbeitsvermittler ihren primären Auftrag zu schneller Vermittlung. Angesichts der ihnen zugewiesenen Fallzahlen sind sie rein zeitlich nur sehr begrenzt in der Lage, sich den Probanden zu widmen. Für die vertiefenden analysierenden und motivierenden Gespräche fehlt ihnen vielfach auch die notwendige fachlich und psychologische Vorbildung. Man geht bisweilen etwas ruppig und bürokratisch mit den Arbeitslosen um, traktiert sie mit Behördendeutsch.

Dieter Gräbner hat mit der Familie Al-Azzari gesprochen, die 2003 während des dritten Golfkriegs nach der Bombardierung und Zerstörung ihres Hauses aus dem Irak geflohen ist und 2004 die Aufenthaltsgenehmigung im Saarland erhielt. Einer der Söhne hat Post vom Jobcenter bekommen, weil er einen Ausbildungskurs nur unregelmäßig besuchte. Die Al-Azzaris haben den Brief nicht verstanden. Gräbner schildert den bürokratischen Text samt dem Eindruck, den er hinterlässt so:

»Sehr geehrter Herr Al-Azzari, dieser Fragebogen dient der Prüfung, ob in Ihrem Fall das Arbeitslosengeld II nach § 31a SGB II abzusenken ist oder wegfällt. Begründung: Sie haben die in der beidseitigen Eingliederungsvereinbarung vom 10.2.2012 festgelegen Pflichten nicht erfüllt, insbesondere haben Sie seit dem 15.2.2012 nicht mehr regelmäßig am Projekt Stabil bei der GSDE des ASB mbH teilgenommen. Wer gem. § 31 Abs. 1, Nr. 1 trotz Belehrung die in seiner Eingliederungsvereinbarung festgelegten Pflichten nicht erfüllt, dem entfällt gem. § 31 a Abs. 1 Satz SGB II bei weiterer Pflichtverletzung ...« Und in diesem Bürokratenkauderwelsch geht es weiter. Fast anderthalb Seiten lang. Gräbner: »Ich bin ratlos, verstehe nicht, aber ahne, was gemeint sein kann ...« Omars Mutter fragt: »Was heißt das?« »Tut mir leid, ich weiß es nicht. Das Jobcenter droht«, sage ich, »die drohen wohl mit Kürzung von Bezügen, weil ihr Sohn irgendwo nicht hingegangen ist.« Sie sieht mich fragend an. »Ich werde mal mit der Sachbearbeiterin in dem Jobcenter telefonieren. Die können mir das sicherlich erklären.« Auf dem Briefkopf steht die Telefon- und auch Faxnummer, sogar die E-Mail-Adresse der Sachbearbeiterin. Zuhause versuche ich, die Sachbearbeiterin telefonisch zu erreichen. Erster Versuch um 11:15 Uhr. Keine Antwort. Vielleicht ist sie ja schon zu Tisch. Zweiter Versuch 13:30 Uhr. Wieder keine Antwort. Immer noch zu Tisch? Dritter Versuch um 15:05 Uhr.

Sie meldet sich mit ihrem Namen. Keine Begrüßung, keinen guten Tag oder so was. Ich schalte mein Aufnahmegerät ein, um das Gespräch aufzuzeichnen: Ich stelle mich als Journalist vor, der in Sachen Hartz IV recherchiert, erkläre, dass ich gerne der Familie Al-Azzari geholfen hätte, die den Brief nicht versteht und dass ich den Brief ehrlich gesagt auch nicht verstehe und höflich um Hilfe bitte. Sie antwortet, dass sie mir keine Auskunft geben darf, weil sie nicht dazu befugt ist. Und sagt dann: »Wenn der Herr Al-Azzari den Brief nicht versteht, dann muss er hierher kommen, und dann werde ich ihm den Inhalt erklären.« Ich frage: »Können sie mir nicht erklären, um was es geht. Dann gebe ich es weiter.« Sie sagt: »Nein, dazu bin ich nicht befugt. Herr Al-Azzari soll zu mir kommen. Dann erkläre ich alles.« Ich frage: »Muss das sein, dass er zu Ihnen kommt. Warum können Sie nicht Briefe schreiben, die man versteht? In einer einfachen, klaren verständlichen Sprache. Oder ist das Paragrafendeutsch vorgeschrieben. Oder schreiben Sie nur ab, was im Computer vorgegeben ist. Und ist es ihnen egal, ob der Empfänger versteht, was Sie meinen?« Sie: »Ich gebe Ihnen keine Antwort. Ich bin nicht verpflichtet, mit Ihnen zu reden. Wenn jemand einen Brief nicht versteht, dann kann er hier herkommen, und dann wird er aufgeklärt.« Ich hake nochmals nach: »Herr Azzari wohnt am anderen Ende der Stadt. Er macht zurzeit ein Praktikum. Wenn er zu Ihnen kommen muss, ist er mindestens drei Stunden hin und zurück unterwegs und fehlt die drei Stunden bei seinem Praktikum. Die übliche Wartezeit im Jobcenter nicht gerechnet.« Sie sagt: »Noch einmal. Wenn er herkommt, kann ich den Brief erklären.« Ich sage: »Sie müssen doch davon ausgehen, dass dieses Paragrafendeutsch nur Leute wie Sie verstehen können, die jeden Tag mit den einschlägigen Gesetzen zu tun haben. Warum schreiben Sie nicht Briefe mit einfachen klaren Sätzen? Ich habe die ersten Sätze Ihres Briefes drei Mal gelesen und verstehe immer noch kein Wort.« Sie sagt: »Ich bin nicht verpflichtet, Auskunft zu geben. Wenn Herr Al-Azzari den Brief nicht versteht, dann ist es an ihm, zu uns zu kommen. Dann wird ihm das erklärt. Mehr kann ich und will ich nicht sagen.« Sie legt auf.

Es trifft in der Tat zu, dass die Mitarbeiter der Jobcenter aus Gründen des Datenschutzes keine Auskünfte über ihre Klientel an Dritte, auch nicht an Journalisten geben dürfen. Formalbürokratisches Vorgehen und Schreiben in schwer verständlichem, geradezu abschreckend unverständlichem Juristendeutsch gegenüber Menschen ohne juristische

Vorbildung oder gar Migranten mit begrenzten Deutschkenntnissen sind in der Sache wie im Ton deplatziert. Ein Telefonat hätte möglicherweise das Problem schon gelöst. Ein Mindestmaß an Empathie wäre in solchen Fällen sicher hilfreich. Die manchmal schwer verständliche und oft nicht nachvollziehbare Diktion in den Bescheiden hat damit zu tun, dass diese im Zweifel auch vor Gericht Bestand haben müssen (deshalb auch die einheitlichen teilweise gestanzten Formulierungen). Außerdem sollen sie die Lebenswirklichkeit mit den Paragrafen des SGB II in Einklang bringen, auf dem die ganze Entscheidung fußt. Es ist kein böser Wille des Sachbearbeiters, er selbst ist Sklave des Systems.

Die langjährigen Erfahrungen der Arbeitsvermittler haben in jedem Fall deutliche gemacht, dass Sanktionen nur begrenzte Wirkung entfalten. Heinrich Alt, Vorstandsmitglied der Bundesagentur für Arbeit, fasst es im Interview mit Dieter Gräbner lakonisch zusammen: »Wenn wir Arbeitsangebote machen und diese werden grundlos abgelehnt, haben wir die Möglichkeit, die Leistungen zu kürzen. Am meisten tut weh, wenn wir nur noch die Miete zahlen und Lebensmittelgutscheine ausstellen. Das ist die unterste Grenze. Aber in Deutschland wird niemand obdachlos und es verhungert keiner.«

Nicht selten kommen Leistungsbezieher ihrer Arbeitspflicht auch nach, indem sie Minijobs (450 Euro) oder sogar nur Mini-Minijobs (200 Euro) annehmen. Sie können in diesen Fällen in begrenztem Umfang Gelder hinzuverdienen, um das verfügbare Einkommen erhöhen zu können.[39] Man braucht nicht viel Fantasie, um herauszufinden, dass in auch die Kombination von Minijobs und Schwarzarbeit vorkommt. Eine weitere Ausweichreaktion ist der Versand standardisierter Bewerbungen oder die Teilnahme an Jobinterviews ohne für den potenziellen Arbeitgeber erkennbares Interesse an der Tätigkeit. Schließlich gehört zur erlebten Praxis auch die Aufnahme einer Beschäftigung für wenige Tage, um sich dann per Attest krankzumelden.[40]

Ein oft ins Feld geführtes Argument gegen PAT-Projekte sind die Kosten und Risiken sowie deren Verteilung auf die unterschiedlichen Akteure in Bund, Ländern und Kommunen. Unbestritten ist, dass PAT für keinen dieser Akteure ein Nullsummenspiel ist. Jeder dieser

---

39 Alexander Spermann: Zehn Jahre Hartz IV – Was hilft Langzeitarbeitslosen wirklich?, in: IZA Standpunkte Nr. 76, November 2014, S. 14.

40 Ebd., S. 14.

Akteure muss seinen Beitrag leisten und Risiken übernehmen. Die Kommunen haben sowohl über ihre Spitzenverbände aber auch regional ihre Zustimmung gegeben. Viele Bundesländer würden derartige Projekte unterstützen und in Baden-Württemberg werden PAT-Projekte mit Erfolg durchgeführt. Evaluationen des IAB im Rahmen dieser Projekte belegen ihre positive Resonanz. Aus Sicht der Arbeitgeber überwiegen insgesamt die positiven Wahrnehmungen der geförderten Beschäftigungsverhältnisse in ihrem Betrieb. So integrieren sich die Geförderten der standardisierten Befragung zufolge nicht nur in der überwiegenden Mehrheit in die betriebliche Gemeinschaft, sondern ordnen sich meist gut in die bestehenden Hierarchien ein, erweisen sich eher als Hilfe denn Belastung und sind leistungsfähiger als erwartet. Gleichwohl bestätigen die Betriebe in der Befragung auch in der großen Mehrheit, dass die Geförderten einen besonderen Bedarf an Anweisung und Anleitung aufweisen und ihr Einsatz nur dank der Förderung rentabel sei.

Hinsichtlich der Frage, ob die Betriebe die PAT-Geförderten nach Ablauf der Förderung weiterbeschäftigen würden, kann sich zum Befragungszeitpunkt – wenig überraschend – nur eine Minderheit auf eine definitive Zustimmung (»sicher«) oder Ablehnung (»ausgeschlossen«) festlegen. In den Betrieben zeigt sich noch ein hohes Maß an Unsicherheit. Allerdings neigen die privatwirtschaftlichen Arbeitgeber mit fast der Hälfte deutlich eher zu einer optimistischen Einschätzung der Übernahmechancen, was nur bei 17 Prozent der gemeinnützigen Arbeitgeber der Fall ist (der vollständige Evaluationsbericht kann von der IAB-Dependance in der Regionaldirektion Baden-Württemberg angefordert werden).

Klar ist, dass der Schlüssel für eine Erprobung oder flächendeckende Einführung von PAT bei der Bundesregierung liegt, und bislang sind weder die Bundesarbeitsministerin noch der Bundesfinanzminister bereit, den Passiv-Aktiv-Transfer als arbeitsmarktpolitische Quadratur des Problemkreises Arbeitslosigkeit in ihre politischen Kalküle einzubeziehen. Entsprechende politische Initiativen, unter anderem aus dem Saarland, versanden im Politikgetriebe der beiden Ministerien. Offensichtlich gibt es keinen politischen Willen, derartige PAT-Projekte umzusetzen. Finanzielle Erwägungen dürften es eigentlich nicht sein. Der Bundesfinanzminister verzeichnet die höchsten Steuereinnahmen seit Langem, und wer den Bankensektor im Kontext der noch immer nicht gänzlich ausgestandenen Finanzkrise mit vielen Milliarden von Euro vor dem Kollaps bewahrt hat und noch heute die Risiken der Bad Banks übernimmt, muss so viel Rückgrat haben, auch den Arbeitsmarktsektor mit deutlich weniger Finanzmittel und deutlich weniger Risiken als bei der Bankenrettung bei innovativen Projekten wie dem PAT-Ansatz zu finanzieren. Arbeitslose und Menschen in sozialen Notlagen sollten dem Finanzminister in einem demokratischen Sozialstaat wichtiger sein als die Zocker in den Bankhochhäusern und in den Börsen, die die Finanzmisere verursacht haben.

39 Die Einsatzfelder im dritten Arbeitsmarkt

Es gibt ohne Zweifel mannigfache Einsatzfelder für Langzeitarbeitslose. Die nachfolgend angeführten Beschäftigungsfelder sind Beispiele und sollen keine abschließende Aufzählung sein. Es geht dabei um einen schrittweisen Weg, beginnend mit gezielter Aktivierung aus dem sozialen Abseits, und setzt sich fort über die schrittweise Qualifizierung, Berufserkundungen, Praktika und Probebeschäftigung. Aber letztlich bleibt fest im Auge die Heranführung an und die nachhaltige Integration in den regulären ersten Arbeitsmarkt. Es sei auch nochmals betont, dass alle nachfolgenden Beispiele von Arbeitsfeldern für längerfristig arbeitslose Hartz-IV-Empfänger den Zulässigkeitskriterien 1.–3. (S. 121 f.) gerecht werden müssen. Hier nun die Schilderung der Beschäftigungsfelder für Langzeitarbeitslose:

Bildung und Wissenschaft

Ausgerechnet in diesem Zusammenhang den dritten Arbeitsmarkt zu nennen, mag fragwürdig erscheinen, weil dieser Zukunftssektor offenkundig besondere Qualifikationen voraussetzt. Aber neben den Bildungsfachleuten können auch Hilfskräfte nutzbringend eingesetzt werden. Je nach Vorbildung, Eignung, Talent und nach einer gewissen Lernphase kommt zum Beispiel ein Einsatz bei der Gebäudeunterhaltung und Bewirtschaftung in Betracht. Das Anlernen der Hartz-IV-Probanden kann von erfahrenen Lehrwerkmeistern an berufsbildenden

Schulen übernommen werden. Wo es sich anbietet, sollten dabei geeignete Qualifizierungsmaßnahmen ins Auge gefasst werden, die als Vorstufe für eine reguläre Berufsausbildung dienen.

Im gleichen Rahmen könnten Arbeitsplätze bei der Anlage und Pflege von Lehrgärten und Biotopen an Schulen oder für die Herrichtung von Pausenhöfen eingerichtet werden.

Auch im didaktischen Bereich sind bei einschlägiger Vorbildung oder nach entsprechend gründlicher Anleitung und pädagogischer Aufsicht Hilfskräfte in Ergänzung zum Lehrpersonal einsetzbar, etwa
- beim Aufbau der Verwaltung und Pflege von Sammlungen;
- bei der Bereitstellung und Bedienung von Medien (Bücher, Film und Video);
- bei der Organisation von Computerarbeit;
- bei der Pausenaufsicht und der Überwachung von Gemeinschaftseinrichtungen;
- bei der Aufsicht in Schulbussen und Zügen;
- im Ganztagsschulbereich, bei der Hausaufgabenaufsicht;
- bei der musisch kulturellen Betreuung;
- beim Aufbau und der Pflege von Vereinspartnerschaften;
- bei der Qualifizierung von Schülerinnen und Schülern zu Assistenten und Übungsleitern;
- beim Sport.

Natur- und Landschaftspflege, Stadtästhetik

Bei entsprechender Vorbildung und praktischer Anleitung könnten ALG-II-Berechtigte ergänzend im Öffentlichen Dienst Arbeit finden:
- bei der Pflege von Parks und Grünanlagen;
- bei der Reinerhaltung der Straßen und Plätze;
- bei Patrouillen und Überwachungsdiensten in öffentlichen Anlagen.

Zusammenfassend sei noch einmal deutlich hervorgehoben, dass in allen Bereichen, in denen aus Gründen der Haftung und der Betriebssicherheit nur berufsfachlich qualifiziertes Personal eingesetzt werden kann, der dritte Arbeitsmarkt nur für Hilfsdienste und Zuarbeit offen steht. Um Stellenabbau im öffentlichen Dienst zu vermeiden, wird auf die zwingend notwendigen Vereinbarungen zwischen den Tarifpartnern und die Registrierung der Arbeitsplätze verwiesen, denn diese Arbeitsverhältnisse dürfen nach Öffnung des dritten Arbeitsmarktes nicht reduziert werden. Die Beschäftigungsverzeichnisse sollten der Zustimmung der zuständigen örtlichen Stellen der Bundesagentur für Arbeit und der Tarifpartner unterworfen sein. So lässt sich Missbrauch auszuschließen, ohne dass übertriebener bürokratischer Aufwand erforderlich wäre. Die Überwachung ist umso strikter geboten, als bei den vielfach überschuldeten Kommunen die Begehrlichkeit wachsen dürfte, sich möglicherweise sogar Pflichtaufgaben über den dritten Arbeitsmarkt finanzieren zu lassen.

Sicherheitsdienste

ALG-II-Berechtigte können nach entsprechender Anleitung als Fahrbegleitung in öffentlichen Bahnen und Busverkehren eingesetzt werden. Sie könnten auch Verkehrslotsendienste im Umfeld von Schulen und Kindergärten übernehmen. Im Saarland hat man das über eine Spezialschulung und über Bürgerarbeit praktiziert. Leo Meiser, Landesbeauftragter für Prävention, organisierte das Projekt Busbegleiter für Schülertransporte an Grundschulen, nachdem aufgrund von Schulstrukturmaßnahmen Schülerbeförderungen in großem Umfang notwendig geworden waren. Die älteren Hartz-IV-Empfänger, Frauen und Männer, waren geschult worden, hatten gelernt, wie man mit Kindern umgeht, wie man mit ihnen spricht, wie man sich in Konfliktsituationen verhält.

Wer die Schulung mit Erfolg absolviert hatte (rund 90 % der Teilnehmer), erhielt ein Zertifikat. »Ein neuer Beruf?«, fragt Dieter Gräbner. – »So was ähnliches«, antwortet Leo Meiser, »jedenfalls haben wir eine größere Zahl von älteren Hartz-IV-Empfängern wieder in geregelte Arbeit gebracht und sie aus ihrer sozialen Isolation befreit. Das Zertifikat war für viele Teilnehmer, die ihr Selbstwertgefühl verloren hatten, die schriftliche Bestätigung, dass man sie brauchte. Menschen, die oft viele Jahre zu Hause gesessen hatten, die sich als Hartz-IV-Empfänger ausgegrenzt fühlten, die sich nichts mehr zutrauten, hatte man nun bescheinigt, dass sie eine Ausbildung bestanden hatten und nun »Schulbusbegleiter« waren. Sie waren stolz. Einer bedankte sich und schrieb: »Morgens begleite ich die Kinder in die Schule, und mittags nach Hause. Mir macht das Spaß. Endlich kann ich wieder raus. Und die Kinder mögen mich. Ich bin geeignet für den Job. Das wird mir doch bestätigt.« Leo Meiser sagt: »Unsere Busbegleiterinnen und Busbegleiter sind bei den Kindern beliebt. Und auch bei den Eltern und Lehrern. Hinzu kommt: Sie haben die natürliche Autorität des Alters. Die Kinder hören auf sie.«

Privatwirtschaft

Arbeitsplätze, deren Ausübung eine abgeschlossene Berufsausbildung erfordert, scheiden für den Dritten Arbeitsmarktscheiden von vornherein aus. Um einen an Ertragsgesichtspunkten orientierten Mitnahmeeffekt auszuschließen, genügt es, wenn ein Arbeitgeber nachweist, dass er drei Jahre lang vor der Einstellung über den dritten Arbeitsmarkt keine solchen Arbeitsplätze mit geringem Anforderungsprofil in seinem Unternehmen angeboten hat. Damit wäre nämlich weitestgehend schlüssig nachgewiesen, dass es für solche Arbeitskräfte in diesem Betrieb keinen Bedarf gegeben hat. Diese Schlüssigkeitsprüfung ist anhand der bei allen Betrieben zu führenden Personalstatistik ohne größeren bürokratischen Aufwand darstellbar. Öffentlicher Missbrauch könnte zusätzlich dadurch ausgeschlossen werden, dass für fahrlässige oder vorsätzliche Falschangaben angemessene Bußgelder angedroht werden. Die Zuständigkeit für die Missbrauchsaufsicht ist sinnvollerweise bei den örtlichen Stellen der Bundesagentur für Arbeit anzusiedeln, weil dort der notwendige Sachverstand versammelt werden kann.

Es soll hier noch einmal hervorgehoben werden, dass die Zusammenarbeit der kommunalen Beschäftigungsgesellschaften mit Privatbetrieben im Rahmen der Qualifizierung Langzeitarbeitsloser für Betriebserkundungen und Berufspraktika bis hin zu Probebeschäftigung und Lohnzuschüssen offensiv genutzt werden muss. Denn wir müssen der zunehmenden Verknappung infolge der demografischen Entwicklung ins Auge sehen. Und wir dürfen nicht verdrängen, dass dies noch verschärft wird durch die steigende Studienbereitschaft der jungen Generation gepaart mit einer rückläufigen Nachfrage nach einer klassischen Berufsausbildung. Das sind ernst zu nehmende volkswirtschaftliche Herausforderungen.

Krankenhäuser und Altenpflege

In unseren Krankenhäusern, aber auch in den Pflegeeinrichtungen ist bekanntlich die Situation besonders heikel, weil dort in hohem Maße Fachkräfte fehlen, die zurzeit nicht ausreichend vom ersten Arbeitsmarkt zur Verfügung gestellt werden können. Die Bundesagentur für Arbeit bietet deswegen Ausbildungsmaßnahmen für Pflegeassistenten an, weil es auf diesem Sektor an Arbeitskräften mangelt.

Es versteht sich von selbst, dass Fachleute nicht durch ungelernte oder angelernte Kräfte ersetzt werden können, aber es steht auch außer Frage, dass viele Fachkräfte heutzutage in den Einrichtungen der Altenpflege und auch bei der Krankenpflege durch die Fallbudgets erheblichem Stress ausgesetzt und bisweilen überfordert sind. Sie könnten von Hilfsdiensten entsprechend vorgebildeter oder angelernter ALG-II-Kräfte sehr profitieren. Infrage kommt die Unterstützung der Fachkräfte bei

- Körperhygiene;
- Essenszubereitung und Essensversorgung;
- persönlichen Besorgungen;
- Unterhaltung und Zerstreuung (Musizieren, Vorlesen, Spiele);
- sportlicher Aktivität.

Die Ausbildungs- und Qualifizierungsmaßnahmen sollten von den Kranken- und Pflegekassen finanziert werden, zumal es sich um Aufwendungen zur Sicherung der Krankenversorgung und der Pflegedienste handelt.

40 Eine originelle Ergänzung: Minipreneure

Mit Blick auf den dritten Arbeitsmarkt darf der Hinweis auf einen interessanten und praxisorientierten Vorschlag nicht ausgelassen werden. Er kommt von Peter Hartz, dem Vordenker der Schröder'schen Arbeitsmarktreformen. Es geht um die »Minipreneure«, ein Projekt mit dem Langzeitarbeitslosen ein Start in eine Existenzgrundlage als Unternehmer ermöglicht werden soll. Auf der Website der SHS Foundation heißt es[41]: (Es geht) »um ein Netzwerk wechselseitiger Hilfe von Experten unterschiedlicher Disziplinen und motivierten Arbeitslosen als Experten in eigener Sache. Aus dieser ›doppelten Expertenschaft‹ schöpft das Projekt den Zugewinn an Knowhow, fachkundiger Be-

---

41 www.minipreneure.de

treuung, sozialer Unterstützung und Empathie, um eine möglichst große Zahl von Langzeitarbeitslosen zu ermuntern und zu befähigen, ihr Leben als arbeitsfähige und leistungsbereite Mitbürger wieder aktiv und mit berechtigten Hoffnungen in die Hand zu nehmen, beginnend in ihrem unmittelbaren Lebensbereich, und wieder den Weg zurück in eine dauerhafte Erwerbstätigkeit zu finden.«

In diesem Sinne sollen Betroffene zu Minipreneuren werden, indem sie, im kleinen Rahmen beginnend, aktiv werden, die Dinge in die Hand nehmen, ihre Talente entdecken und ihren Lebensplan neu entwerfen. Das Leitmotiv dieses Konzeptes für die Menschen in dieser Unternehmung, für die Minipreneure und ihre Berater und Begleiter, unsere gemeinsame Philosophie lautet: »Mache Dich selbst zum Projekt!« – »Lasst uns das Projekt machen – gemeinsam!« Als Kernelemente des Konzeptes werden führt Peter Hartz an:

»In einem als POLYLOG bezeichneten Prozess kommen in einer Kreativierungswoche Fachexperten und Experten ›in eigener Sache‹ zusammen und gestalten gemeinsam einen Raum, in dem die Arbeitslosen ihre neuen Lebenspläne entwerfen und gestalten können. Kennzeichnend für dieses Element ist die Nutzung neurobiologischer und psychologischer Erkenntnisse im Rahmen intensiver Gruppenaktivitäten. Ein individuelles Gesundheitscoaching gehört dazu.«

- In einer Talent- und Eignungsdiagnose werden die individuellen beruflichen Stärken einer Person mit psychologischen Methoden (Berufsprofiling®) erhoben und für ein Matching zu Berufen beziehungsweise Beschäftigungsmöglichkeiten nutzbar gemacht. Sowohl die psychologische Diagnostik als auch die Art der Ergebnisverwertung gehen hierbei weit über bisherige Ansätze der Arbeitsvermittlung hinaus.
- Durch regionale Wirtschaftsstrukturanalysen bis auf Stadtteil- und Ortsteilebene soll das Beschäftigungspotenzial ermittelt und für individuelle Integrationsmaßnahmen nutzbar gemacht werden.
- Hierfür wird das Beschäftigungs-Radar eingeführt. Durch eine Anpassung der Regelungspraxis des Einstiegsgeldes (§ 29 SGB II) kann dieses Förderinstrument als finanzielle Brücke aus dem ALG-II-Bezug in die Selbstständigkeit genutzt werden.
- Nach einer lokalen Pilotierung an einer signifikanten Stichprobe soll das Modell landes- und bundesweit zum Einsatz gelangen. Hierfür wird das SOCIAL FRANCHISING zur Multiplikation

des Modells verwendet. Social Franchising bezeichnet den Einsatz der aus wirtschaftlichem Kontext bekannten Franchise-Praxis auf soziale Projekte. Franchisegeber ist die gemeinnützige Gesellschaft MINIPRENEURE, Franchisenehmer sind die lokalen Instanzen für Arbeit und Grundsicherung nach dem SGB II oder die Minipreneure nach Verlassen von ALG II.«
Die gemeinnützige Minipreneure GmbH strebt ein Pilotprojekt der Bundesagentur für Arbeit an, um dessen Effizienz durch eine wissenschaftliche Evaluation nachzuweisen. Dieses höchst originelle verdient Unterstützung und sollte praktisch erprobt werden.

41 Hoher volkswirtschaftlicher Nutzen

Der durch die vorgeschlagenen Reformen mittel- bis langfristig erzielbare volkswirtschaftliche Nutzen liegt vor allem darin, dass ein beträchtlicher Teil der zurzeit noch sehr hohen Zahl von Arbeitslosen, die nicht mehr als beschäftigungs- und vermittlungsfähig gelten, an den ersten Arbeitsmarkt herangeführt werden kann. Unsere arbeitsteilige Gesellschaft mit ihren eher steigenden Anforderungen an Wissen, Kenntnissen und Erfahrungen stellt für Menschen mit begrenztem und niederschwelligem Einsatzpotenzial im erwerbs- und gewinnorientierten Wirtschaftsleben nur wenige Arbeitsplätze zur Verfügung. Es wäre eine Illusion zu glauben, man könnte – auch zu einem ferneren Zeitpunkt – alle Langzeitarbeitslosen dem ersten Arbeitsmarkt zuführen.

In jedem Falle aber erscheint es sinnvoll und lohnend, alle diejenigen, die den Anforderungen des ersten Arbeitsmarktes potenziell genügen könnten, gezielt zu fördern und zu qualifizieren, auch wenn der Weg weit und beschwerlich ist.

Alles in allem wird die Einführung des dritten Arbeitsmarkts einen wahrhaft innovativen und nachhaltigen Systemwechsel mit sich bringen. Diese grundlegende Reform wird auf Ablehnung und Skepsis stoßen.[42] Aber ein Gemeinwesen, das sich sozial nennt, sollte sich diese Reform

---

42 Insbesondere sei hier verwiesen auf die kritische Stellungnahme des Sachverständigenrates in: Jahresgutachten 2007/8 des Sachverständigenrates für die gesamtwirtschaftliche Entwicklung, Ziffer 324 bis 353.

leisten. Deutschland ist ein Land mit hohem Wohlstand. Wenn wir die Prioritäten entsprechend festlegen, sollte es möglich sein, diesen Kraftakt des dritten Arbeitsmarktes zu stemmen. Und bei Lichte betrachtet, ist diese kopernikanisch anmutende Wende die einzig realistische Alternative zur schieren Resignation und zu der Kapitulation vor der Dauerarbeitslosigkeit, mit der sich die Bundesagentur für Arbeit – und leider auch die offizielle Politik – offensichtlich abgefunden haben. Man kann das nur als himmelschreienden Skandal geißeln und immer wieder versuchen, die Verantwortlichen wachzurütteln. Diese schwärende Wunde unserer Wohlstandsgesellschaft muss geschlossen und nachhaltig geheilt werden. Das sind wir den millionenfach Betroffenen allein schon aus Gründen der Humanität schuldig. Aber diese Herkulesreform ist auch ein Gebot der praktischen Vernunft. Aufgrund der rasanten demografischen Entwicklung werden schon sehr bald in vielen Bereichen Arbeitskräften fehlen. Ein Problem, das man auch durch systematisch geförderte Zuwanderung nicht nachhaltig lösen können wird.

Und ganz entscheidend ist auch, dass die zweite Generation der Hartz-IV-Empfänger mangels Motivation im Elternhaus trotz allerbester Fördermöglichkeiten in Kindertagesstätten und Ganztagsschulen keine Aussicht auf einen Schulabschluss oder Beschäftigung im ersten Arbeitsmarkt haben wird. In Familien, die dauerhaft von Hartz IV leben, gedeiht kein motivierendes und lernfreundliches Klima. Das ist vielleicht sogar der allerwichtigste Grund für die Einführung des dritten Arbeitsmarktes – eine entscheidende Investition in die Zukunft benachteiligter Kinder!

Aus schier pragmatischen Gründen empfiehlt es sich – wie übrigens bei allen tief greifenden Reformen – das hier propagierte Konzept schrittweise und über wissenschaftlich begleitete und evaluierte Pilotprojekte in die Praxis umzusetzen, zumal auch das benötigte Fachpersonal zur Motivation und Schulung der Langzeitarbeitslosen nur nach und nach zu finden und zu qualifizieren sein wird. Das vielfach als »Testland« ausgewählte Saarland mit seiner Mischung aus Flächen- und Stadtstaat mit relativ hoher Problemdichte der Langzeitarbeitslosigkeit bietet sich für ein solches auf mindestens drei Jahre anzulegendes Pilotprojekt ebenso an wie etwa das Land Berlin als stark belasteter Stadtstaat.

Die vorgeschlagenen Reformwege mögen auf Skepsis stoßen, sie werden auch nicht alle Probleme lösen. Die Politik wird eine gute

Portion Mut brauchen, um sich über fest gefügte Vorurteile gegenüber Langzeitarbeitslosen hinweg zu setzen. Aber in Wahrheit gibt es keine überzeugende Alternative, wenn man eine nachhaltige und letztlich auch gerechte Lösung will. Halten wir es vielleicht mit dem berühmten Mathematiker, Experimentalphysiker und Aphoristiker Georg Christoph Lichtenberg, der einmal sagte: »Ich kann freilich nicht sagen, ob es besser werden wird, wenn es anders wird; aber so viel kann ich sagen: Es muss anders werden, wenn es gut werden soll.«

Wer nicht wagt, der nicht gewinnt!

Anhang

Abkürzungsverzeichnis

ABM	Arbeitsbeschaffungsmaßnahme
ALLBUS	Allgemeine Bevölkerungsumfrage der Sozialwissenschaften des Leibniz Instituts für Sozialwissenschaften
ALG I	Arbeitslosengeld I
ALG II	Arbeitslosengeld II (»Hartz IV«)
ARGE	Arbeitsgemeinschaft SGB II
BA	Bundesanstalt für Arbeit
GG	Grundgesetz
IAB	Institut für Arbeitsmarkt- und Berufsforschung
PÄDSAK	Pädagogisch-Soziale Aktionsgemeinschaft e. V.
PAT	Passiv-Aktiv-Transfer
PSA	Personal-Service-Agentur
SAM	Strukturanpassungsmaßnahmen
SGB	Sozialgesetzbuch
LUH	Leistungen für Unterkunft und Heizung

Über den Autor

Kurt Bohr
geb. 1947, Dr. jur., Jurist und Politiker, 1991–1996 Chef der Saarländischen Staatskanzlei, Autor zahlreicher Bücher zu politischen Themen und Herausgeber des Kulturmagazins Opus.